KB274516

천 사 론
하나님의 사역자

神學博士 김 호 식 著

도서출판 한 글

머 리 말

천사란 흥미진진한 재미있는 이야기거리이다. 해마다 성탄절에 보내는 크리스마스 카드에는 으레 천사의 그림들이 많이 차지하고 있고 크리스마스 트리 등에도 천사의 모양을 만들어 장식을 한다. 이토록 천사에 대한 그림이나 장식물은 많지만 실제로 우리는 천사를 보지는 못했다. 보지 못했기 때문에 환상의 세계에서만 천사들이 존재하는 것으로 생각하기 쉽다.

그러나 성경에 보면 천사는 환상적인 존재가 아니라 실제 존재하는 것으로 기록되어 있다. 예수님의 탄생을 알리는 메신저로, 광야에서 시험 받으신 예수님에게 와서 수종들었던 존재로, 감람산의 기도를 돕는 존재로, 예수님의 무덤의 돌을 옮겨 놓아 주일 아침에 예수님의 무덤을 방문한 여인들이 무덤 속에 들어갈 수 있도록 도운 일 등 수도 없이 많은 천사들의 활동이 생생하게 기록되어 있다.

그뿐 아니라 옥에 갇힌 베드로를 구출한 것도 천사였고 요한을 도와 미래에 관한 계시를 받을 수 있게 도운 것도 천사였다. 더 나아가서 장차 실현될 것으로 예언된 7년 대환란 기간에 갖가지 심판을 할 존재가 바로 천사들이다.

성경이 영감된 하나님의 말씀인 것을 부인한다면 모르지만 성경이 영감된 하나님의 말씀으로 신앙과 행위의 궁극적인 권위라는 사실을 받아들이는 경우 성경에 수없이 반복하여 언급된 천사들에 관해 그저 아름답게 그려진 환상적인 존재 정도로 취급하는 것은 매우 중요한 성경의 주제를 무시하는 결과를 가져오는 것이다.

히브리서에 의하면 천사는 "구원얻을 후사들을 위하여 섬기라고 보내심"을 받은 존재들이다. 따라서 기독교인들의 생활을 돕기 위해 보내심을 받은 천사에 관해 옳게 알면 천사를 우리의 돕는 자로, 보호하는 자로 또 우리를 인도하는 자로 사용할 수 있다. 그러나 구원받은 우리를 섬기라고 보내주신 초자연적인 능력과 지혜를 가진 천사의 도움을 싫다고 뿌리치고 외롭게 혼자 힘으로 살겠다고 고집하는 사람이 있다면 그 사람은 참으로 불쌍하고 어리석은 사람이다.

천사에 관한 것을 잘 배우고 이해한 후에는 "이 우주는 엄격한 규율에 맞추어 돌아가는 정교한 기계와 같다"고 말한 데칼트의 말이 잘못된 것임을 알 수 있다. 이 우주는 기계가 아니라 재미있는 일이 계속되는 무대와 같은 곳이다. 하나님, 구릅들, 스랍들, 각 계급의 천사들 그리고 우리 인생들까지 이 무대를 중심으로 숨가쁘게 연기하고 있는 것이다. 우리가 눈으로 보지는 못하지만 이 영계의 존재들이 우주 안에서 어떻게 활동하고 있는가 하는 것을 성경을 통해서 연구해 보면 이 세상은 기계처럼 그렇게 딱딱하고 괴롭고 슬프기만 한 곳이 아니라 아주 재미있고 흥미 진진한 곳임을 알 수 있다.

개신교 신학자들 중에 천사론을 구체적으로 다루는 사람이 한국에는 별로 없는 것으로 알고 있다. 따라서 IMF한파를 당해 어렵고 곤고한 상황에 빠진 기독교인들이 천사들의 도움을 인식하여 영적으로 윤택한 생활을 할 수 있게 되기를 원하는 심정으로 이 소책자를 세상에 내놓는다.

끝으로 이 책을 만들어 내기에 수고하신 분들에게 감사를 표한다. 지나간 27년 동안 대학에서 또는 신학교 강의를 할 때 학생들은 갖가지 질문을 통해 내 생각이나 이론을 정리하도록 도왔다. 무엇보다도 이렇게 책으로 만들어 내기에 수고하신 도서 출판 한글사의 심혁창 사장님과 편집부 직원들에게 심심한 사의를 표한다.

1998년 6월 6일

著　者　識

차 례

서　론

천사와 영계의 존재들

'천사'라는 개념은 옛날부터 사람들의 생각 속에 뿌리 박혀 있었다. 이것은 서양 문명권에서뿐만 아니라 동양 문명권에서도 '선녀'라는 이름으로 일종의 천사와 같은 존재가 사람들의 생각 속에 있었다.

그러면 천사들의 기원·성격 그들의 기능 등을 구체적으로 설명하고 교훈한 책이 있는가? 사람들은 어렴풋이 천사들의 존재에 대해 생각은 하고 있으나 정확하게 정의를 한다든가 천사론이라고 할 만한 이론이 없는 것이 사실이다. 동양문명이나 한국의 문화 가운데도 선녀들이 어떠한 존재며 무엇을 하는 존재들인지 또는 저들의 운명 등에 관해서 이론이 없다. 막연하게 행운을 가져다주는 존재들로 사람들과 결혼을 할 수 있고 또 아이도 낳을 수 있으나 늘 선계로 돌아가기를 원하는 것으로 알려진 정도이다.

성경에도 천사에 관해서 이론적으로 체계 있게 잘 조직 정리해서 보여준 것이 아니라 단편적으로 또 산발적으로 언급되어 있을 뿐이다. 그런데 기독교 역사 가운데도 천사나 영계의 문제에 대해서 신학적으로 체계를 갖춘 이론이 채 정립되지 못한 상태에서 종교개혁이 이루어졌는데 종교개혁은 문예혁명의 사상적인 뒷받침에 의해 발생했던 운동이었다. 따라서 문예혁명의 기본 사상인 이성주의적인 인본주의 사상의 기류가 종교개혁의 저변에 늘 깔려 있었다. 그래서 로마의 교황권에 반해 개인의 신앙 및 양심의 자유가 주창되었고 로마교회의 국제 체제에 대해 민족 단위의 국체가 대두되면서 신앙은 맹목적인 것이 아니라 이성적인 판단에 의해 정립돼야 한다고 생각했다. 그래서 종교개혁을 주도했던 이론적인 바탕은 모든 신앙과 행위의 궁극적인 권위는 성경에 있다고 주창했으나 실제로 서구 유럽 전체를 한 손에 장악하고 있던 로마교회의 무서운 세력을 상대로 종교개혁을 주도했던 개혁자들에게 있어서 우선 급한 문제는 개혁의 기반을 확보하는 일이었다. 그래서 성자 숭배, 성모 마리아 숭배 등의 오류를 시정하기 위해 사실상 영계의 존재에 관해서는 의식적으로 거론하는 것을 피했다.

그뿐만 아니라 문예혁명으로 부활된 인본주의적 이성주의는 사실상 세계 정신사를 주도하는 위치를 확보했고 이성주의의 내부적 움직임으로 경험주의가 발생하게 됐다. 그래서 사람들이 경험하고 보고 만지지 못하는 영계의 존재나 천사에 관한 것들은 사실상 관심 밖의 일이었고 거론조차 하지 않았다. 성경이 기독교의 신앙과 행위의 궁극적인 권위라고 전적으로 주장을 하면서도 사실상 성경에서 이성적으로 다룰 수 있고 경험적으로 받아들일 수 있는 부분은 그대로 받아들였고 이성에 상반되거나 인간들의 체험에 생소한 부분들은 간편하게 영적으로 해석해 버리거나 아니면 거론의 대상에서 제외해 버리는 것이 통례였다.

성경 66권 중 구약성경에 108번, 신약성경에 165번 합해서 273번 천사에 대해 언급하고 있다.[1] 따라서 천사에 관한 이론은 한두 사람이나 한두 세대에 형성된 개념이 아니라 주전 1500년경으로부터 시작해서 신약성경의 마지막 사도 요한이 계시록으로 종결을 지은 주후 1세기경까지 약 1600년에 걸쳐 기록된 성경에서 발견할 수 있다. 성경에 언급된 여러 가지 모양의 영계의 존재들은 물론 유대교의 전통에나 기독교의 전통 속에 계속해서 잘 보존되어 왔다. 여기서 취급하려는 천사론은 성경에 나타난 사실을 가지고 조직 정리하여 천사에 관한 내용을 좀더 자세히 알아보려는 것이다.

---

1) 1 Fred Dickason, Angels: Elect and Evil. (Chicago: Moody Press. 1975) p.13.

제 1 장

영계에 관한 이론들

성경 이외에도 인간의 역사를 돌아볼 때 천사나 그 외에 영계의 존재들에 관해 많은 기록이 있는데 이 장에서는 특히 세속적인 학문의 전통으로 ① 헬라 신화와 철학, ② 영지주의자들의 데미 얼지, ③ 스콜라철학과 중세 기독교, ④ 종교개혁자들, ⑤ 자연주의자들의 견해 등을 취급하려고 한다.

1. 헬라 신화와 철학

헬라 신화와 철학에 언급된 영적인 존재들을 연구하려면 플라톤의 대화중에 하나인 티메우스(Timeaus)를 거론하지 않을 수 없다.

희랍신화에 나오는 신적인 존재들은 성경에 언급된 영계론이 부패된 형태로 전달된 것인데 이 신화에 나오는 존재들은 인간들처럼 서로 시기 질투하고 싸움도 하며 결혼도 하는 존재들이기는 하나 속성 면에서는 인간들과 별 차이가 없는데 초자연적인 요소를 첨부한 존재들이라는 면에서 인간들로부터 구분된다.

티메우스의 내용은 거의 창세기를 읽는 것 같은데 창세기는 순수하게 유일신 사상에 근거해서 정확한 정보를 제공하고 있다고 분석할 수 있는 반면 헬라신화의 티메우스는 여러 단계를 거쳐 부패된 상태로 조작된 것이 완연히 보이는 변질된 형태이다. 그러면서도 성경과 비슷한 내용으로 기록되었는데 티메우스의 내용을 간추리면 다음과 같다.

I. 원래의 우주는 완전한 혼동 상태에 있었다. 이같은 혼돈 상태에서 신적인 존재들이 질서를 가져왔고 흔히 말하는 창조의 역사를 성취했다고 주장했다.

II. 이 같은 혼돈 상태에 있는 지구에 최초로 나타난 존재들은 괴물들로 '타이탄(Titan)'들이었다. 이 타이탄들은 아마도 타락하기 이전의 영적인 존재들에 대한 언급이었던 것 같은데 이 타이탄들은 커다란 몸뚱이를 가진 존재들로 묘사됐다가 어떤 때는 아름다운 것들로 또 어떤 때는 괴물로 묘사됐다. 예를 들면 호머의 서사시 일리아드에 나오는 율리시즈가 접촉했던 사이크롭스는 눈이 하나밖에 없는 괴물로 묘사됐다. 타이탄들 중에는 눈이 백 개나 있고 팔이 백 개씩 되는 괴물들도 있는데 나중에 이 타이탄들이 신들과의 싸움에서 패배해서 무저갱(탈타루스)에 갇히었다고 했다. 이러한 이야기는 성경에 기록된 내용을 세속화한 것 같다. 성경에 보면 지금은 타락한 천사인 악령들이 자유롭게 돌아다니고 있지만 그 중의 일부는 이 무저갱(탈타루스)에 갇혀 있는 것으로 언급돼 있다.(유다 6-7, 계시록 9:1-12)

III. 크로노스는(헬라어로 시기, 연대라는 뜻) 열두 타이탄 중에 제일 어린 타이탄으로 언급됐는데 크로노스는 지구상에 흩어져 살고있는 말 못하는 짐승들을 통치하다가 짜증이 났다. 그래서 타이탄 중에 하나인 푸로메티우스를 불러서 좀더 재미있는 동물들을 만들어내라고 명했다. 이런 명령을 받고 푸로메티우스(먼저 생각하는 자라는 뜻)는 한동안 생각하다가 부드러운 진흙으로 조그만한 자신의 모습을 한 동물을 만들어 냈는데 이것이 최초의 사람이었다. 이 최초의 사람은 위력이나 미모에 있어서는 뒤지나 그 외에 모든 면에 있어 푸로메티우스와 똑 같은 복사품이었다. 이렇게 만들어 낸 사람에게 크로노스가 생명을 주어 지구에 살도록 조처했다.

미케란제로가 그린 씨스틴 채플(Sistine Chapel)의 천장 벽화에 그린 아담의 창조라는 그림을 보면 허연 긴 수염이 난 할아버지를 하나님으로 표현했고 그 할아버지가 내민 손을 붙잡으려고 손을 내민 근육이 잘 발달된 30대의 건장한 남자를 아담으로 표현해서 그려놓았다. 하나님께서 사람을 창조하실 때 하나님의 형상대로 창조했다는 사실에 의해 이런 그림을 그렸는데 그러면 하나님의 형상이 무엇인가라는 문제에 관해서 생각해볼 필요가 있다. 그 첫 번째 이론은 외형적(육체적) 유사론 이다. 즉 외부 모양 생김새가 하나님과 비슷하다고 해서 육체적인 유사성을 주장하는 것인데 놀라울 정도로 많은 사람들이 하나님을 사람과 비슷한 외형을 가지신 분이라고 생각하고 있다. 특별히 푸로메티우스가 사람을 만들 때 자기와 비슷한 모습으로 만들었다는 헬라철학으로부터 육체적인 유사론이 발전됐는데 이 개념이 중세 로마카톨릭교회의 자연주의에 전수됐고 그 후 서방 기독교권에서도 하나님의 형상이라는 개념을 사람의 모습과 비슷하다는 외형적 혹은 육체적 유사성이라는 이론으로 발전했다. 두 번째로는 영적인 유사성인데 영혼을 가지고 있다는 면에서 사람은 하나님과 비슷한 존재라는 이론이다. 세 번째 이론은 품성적 유사성인데 사람은 품성적인 존재라는 면에 있어서 하나님의 형상을 가졌다고 설명하는 이론이다.

푸로메티우스를 포함한 타이탄들은 하늘에 살고 있으면서 인간들을 창조해서 땅에 돌아다니며 살게 하고 보니 낮에는 태양 빛이 비치니까 따뜻해서 살 수 있지만 저녁이 되면 추워지는데 옷도 만들어 입을 줄 모르던 사람들이 벌거벗은 몸으로 와들와들 떨면서 잠을 못 자고 고생을 하고 있었다. 이것을 보고 불쌍하게 생각한 푸로메티우스가 인간들에게 불을 좀 주자고 요청하니까 타이탄들이 절대로 안된다고 반대했다. 푸로메티우스는 추워서 벌벌 떨고 있는 불쌍한 사람들을 보고 도저히 그냥 있을 수 없어서 오밤중에 몰래 하늘에서 불을 훔쳐다가 사람들에게 주었다고 한다. 하늘에서 불을 도둑맞은 것을 발견한 크로노스나 다른 타이탄들이 대노해서 푸로메티우스를 잡아서 캐스피안해 남방의 한 바위에 쇠사슬로 묶어놓았다. 매일 낮에는 바위에 꽉 묶인 채 꼼짝못하고 뜨거운 햇

빛에 살이 그을리면서 진땀을 흘리고 있는 푸로메티우스에게 커다란 독수리가 날아와 그의 벌거벗은 가슴을 열어 헤치고 심장을 뜯어먹다가 미처 다 뜯어먹지 못한 상태에서 해가 지고 밤이 되면 날아가 버리는데 밤 사이에 심장이 다시 아물었다가 그 다음 날 아침이 되면 또다시 독수리가 와서 살을 파헤치고 심장을 뜯어먹기 시작한다고 한다. 아직도 카스비안해 남쪽의 바위 어디엔가 푸로메티우스가 묶여서 이런 고통을 계속해서 당하고 있는 것으로 되어 있다.

 미국의 일반대학에는 푸로메티안 소사이어티(Promethean Society)라는 사교 클럽(Fraternity)이 조직되어 활발하게 활동들을 한다. 유치한 상태의 공산주의 사상을 가진 사람들은 마르크스주의자라고 하지만 조금 지성적인 사람들은 푸로메티안 소사이어티라고 그럴듯한 이름을 붙였는데 신적인 존재가 하나님의 불을 훔쳐다가 인간들에게 준 이 헬라 신화에 나오는 푸로메티우스의 이름을 따다가 붙인 것이다. 이 푸로메티안 소사이어티에서는 푸로메티우스처럼 하나님의 것이라도 도둑질을 해다가 사람들에게 유익하게 하는 것이 인간들의 근본적인 의무라고 주장함으로 하나님이나 기독교 신앙을 거론하기 전에 우선 인생문제부터 해결하고 고생하는 우리 이웃을 도와야 한다는 지극히 인본주의적인 이론이다. 큰 포부를 가지고 이제 막 대학에 입학한 감수성이 예민한 젊은이들은 이렇게 그럴듯한 이론에 이끌려 세계를 바로잡는다는 이상을 가지고 이 푸로메티안 소사이어티에 많이 가담하고 있다.
 Ⅳ. 그 후 크로노스는 레아라는 여자 타이탄과 결혼을 해서

아이들을 낳았는데 이렇게 타이탄들이 낳은 아이들은 신(띠오스 θεós)이라고 불렀다. 그런데 크로노스의 아들(신들)중 하나가 크로노스보다 더 강한 자가 될 것이요 결국 그 아들이 크로노스를 밀어내고 우주의 통치자가 될 것이라는 예언이 있었다. 이 예언을 두려워한 크로노스는 자기 아내 레아가 아들을 낳을 적마다 삼켜 버렸다. 이렇게 자기가 낳은 아기들을 다 잃어버린 레아는 여섯 번째 아들인 제우스를 낳았을 때는 강보에 돌을 싸서 아기처럼 만들어 놓고 아기 제우스를 그레테에 있는 동굴에 숨겨 두었는데 이렇게 숨겨둔 제우스를 요정들이 돌보았고 아말테아라는 염소가 젖을 먹여 길렀다고 한다.

후에 이런 사실을 발견한 크로노스가 상황을 살피기 위해 크레테를 방문했는데 이 때 제우스는 자기 아버지 크로노스를 환영하는 석상에서 독이 섞인 술을 먹였다. 독 술을 마신 크로노스는 통증으로 온몸을 뒤틀며 고통을 하다가 먹은 것을 다 토해 냈는데 그 통에 전에 자기가 삼켰던 다섯 아들과 또 제우스인 줄 알고 삼켰던 돌덩어리까지 다 토해 냈다. 마셨던 독주를 다 토해 버린 크로노스는 죽지 않고 살아나서 자기와 레아 사이에 낳은 아들들을 상대로 선전포고를 했다. 제우스와 그의 아버지가 토해낸 형제들까지 합해서 여섯의 신들은 재빨리 크로노스를 피해 크레테를 벗어나 헬라반도로 가서 오림프스 산을 본거지로 아버지 크로노스와 아버지의 형제들인 타이탄들을 상대로 싸울 준비를 했다.

이렇게 해서 최초의 존재들이었던 크로노스와 그의 형제들

(타이탄)은 신들(제우스와 그 형제들)에 대한 도전자들이 되어 전쟁이 시작됐다. 이 전쟁에 푸로메티우스와 그의 아들들 이아페투스 및 에피메네티우스 등은 신들이 승리할 것을 미리 알았었기 때문에 크로노스의 전쟁에 동조하지 않았다.

이 전쟁은 약 10년간 계속됐는데 크로노스는 작전상 오림프스 산보다 더 높은 산을 쌓기로 계획을 세웠다. 이런 계획을 레아가 자기 아들 제우스에게 알려주었고 그럴 뿐만 아니라 싸이크롭과 팔이 100개인 거인을 불러 도와주라고 요청했다. 싸이크롭은 벼락을 만들어 칠 수 있고 지진을 일으킬 수 있는 존재였다. 제우스의 어머니 레아의 부탁을 받은 싸이크롭은 지진을 일으킴으로 크로노스가 쌓고 있던 산이 무너져 버렸다.

이렇게 해서 승전한 신 제우스는 자기 아버지 크로노스를 위시해서 타이탄들을 탈타루스라고 불리는 무저갱에 감금했는데 크로노스가 무저갱에 떨어지는 기간이 9일 낮과 밤이 걸렸다고 했다. 타이탄 중의 하나였던 아트라스는 그 어깨로 지구를 받치고 있게 했는데 이들의 이론대로라면 아직도 이 아트라스가 지구를 어깨에 메고 있는 격이 된다. 타이탄들 중에서도 크로노스를 도와 전쟁에 참여치 않았던 푸로메티우스와 이아페투스 및 에피메티우스 등은 이론상 아직도 무저갱에 갇히지 않고 자유롭게 활동하는 존재로 남아 있는 것이 된다.[2]

이상의 희랍 신화에서 발견할 수 있는 것은 주신인 제우스와 그의 형제들(오림푸스산을 본거지로 삼고 현재도 신들로 존재

---

2) Benjamin E. Jowett Trans., The Dialogues of Plato. 2 vols. (New York: Random House. 1937) pp. 3-68.

한다고 믿고있다)은 크로노스와 레아 사이에서 출생한 존재들로서 자기의 아버지를 독살하려 했고 아버지의 통치권을 찬탈한 찬탈자들이다. 한편 같은 형제들이면서도 크로노스를 돕지 않고 중립을 지킴으로 조카뻘 되는 제우스의 승리를 가능하게 했던 푸로메티우스와 그의 아들들은 이론상 아직도 타이탄으로 존재하고 있다는 이론이 성립되며 크레테에서 제우스를 돌봐 주었다는 요정들도 신도 아니고 타이탄도 아닌 제 3의 영적 존재로 현존하는 것으로 되어 있다.

이상에서 설명한 헬라 신화에 나오는 존재들은 성서적 우주관 및 존재론적인 입장에서 보면 매우 유치한 형태의 이론에 불과하다.

그러나 헬라 신화에 나오는 타이탄들을 무저갱에 떨어뜨린 이야기의 출처를 다른 각도에서 분석해 볼 때 이것은 성경에서 언급하는 영계에 일어났던 사탄의 반란과 사탄과 함께 타락한 천사들의 타락 문제와 악령들 중의 일부는 지금 무저갱에 갇혀 있다는 내용을 흉내내어 만들어낸 이야기라는 사실을 부인할 수 없다.

헬라의 시문학이나 신화 또는 그 철학 등이 독자적으로 발전됐다기보다는 수세기 앞선 아시아 문명의 영향을 받아 발전됐던 것으로 보는 것이 옳은 견해이다. 또한 플라톤의 대화중 티메우스(Timeaus)는 성서에 나오는 영계론의 일부가 부패된 형태로 기록된 것으로 보는데 무리가 없다.(창세기 6장의 사건) 구약성경중 가장 중요한 부분을 차지하고 있으며 지구의 창조문제를 다루고 있는 모세 오경은 헬라의 신화나 호머의 서사시보다 500-800년 앞선 주전 1500년경에 기록된 문서들이다.

주전 1000년경 다윗과 솔로몬의 시대는 이스라엘의 전성시대로 그야말로 찬란한 황금시대를 이루고 있던 때였다. 솔로몬의 지중해 상선대는 지중해 일대를 누비고 다니면서 무역을 했다. 오필 상선대는 인도양을 누비고 다니면서 인도 서해안 일대 및 아프리카 등지를 다니면서 무역을 했었다.

이렇게 무역선을 타고 다니는 선원들은 가는 곳마다 자신들의 위대한 지도자 모세나 용사 다윗 및 솔로몬에 관한 이야기를 수도 없이 자랑했을 것은 말할 것도 없다. 신문이나 래디오가 없었고 텔레비전 같은 것은 상상도 할 수 없던 이 시대에 상선을 타고 멀리서 온 선원들이야말로 세계의 뉴스를 옮기는 자들이었다. 사람들은 이들의 말을 경이로움으로 들었고 또 이렇게 배운 새로운 지식이 알게 모르게 그들의 생활에 적용됐었다.

많은 자유주의 학자들이 히브리인의 종교문명의 영향으로 헬라문명이 발전된 것이 아니라 오히려 그 반대로 헬라 문명의 영향을 받아 구약 성경이 형성됐다고 주장하는 경우가 있다. 특히 문예혁명을 기초로 형성된 인본주의적인 학문의 전통으로부터 출발하는 경우 대개는 헬라문명을 히브리 문명보다 더 중요하게 취급할 뿐만 아니라 문서론을 통해 구약성경의 저작 연대 등을 주전 2-4세기로 격하시켜 헬라문명의 영향으로 구약 성경이 형성됐다는 이론에 억지로 뚜들겨 맞추는 경향이 많이 있었던 것이 사실이다.

그러나 이제는 이 문서론이 한 때 부질없는 이론을 위한 이론을 전개한 학문으로 유행이 지난 낡은 옷처럼 된 것은 누구나 다 잘 알고 있다.

전통적으로 모세 오경은 모세가 주전 1500-1400년대에 기록했고 대부분의 시편은 다윗이 썼으며 대부분의 잠언이나 전도서 등은 솔로몬이 썼다는 사실을 별로 의심하거나 논란을 하지 않는 실정이 되었다. 이러한 사실에 근거해서 볼 때 헬라의 신화는 구약성경에 포함된 영계론의 부패한 형태라고 보는 것이 당연하다.[3]

플라톤이 쓴 소크라테스의 변명(Apology of Socrates)에 의하면 소크라테스는 델피의 신전에서 신탁을 받았다고 했다. 여기에서 소크라테스가 말하는 신은 파이탄 – 뱀신으로 사도행전 16장 16절 이하에 바울을 쫓아다니면서 괴롭게 한 점하는 귀신들린 여인에게 들어있던 악령이다.

이 악령의 신탁에 의해서 소크라테스가 아테네에서 제일 지혜로운 사람이라는 말을 듣고 이것이 사실인지를 조사해보기 위해 아테네 시를 돌아다니면서 사람들에게 질문을 하기 시작했다고 한다. 소크라테스는 바쁘게 일을 하거나 길을 가고 있는 사람들을 붙들고 질문을 하기 시작했는데 그것도 답변할

---

3) K.A. Kitchen, Ancient Orient and Old Testament. (Chicago: Inter-Varsity Press. 1966)Gleason L. Archer Jr., A Survey of Old Testament Introduction. (Chicago : Moody Press. 1964)

수 있는 질문을 한 것이 아니라 답변하지 못할 질문을 해서 골탕을 먹였다. 이렇게 사람들에게 질문을 하고 다닌 소크라테스가 결과적으로 내린 결론은 자기는 아무 것도 모르고 있다는 한 개의 지식을 가지고 있다는 것이었다.

그러나 아테네 시민들은 정치가였던 교육가였던 시민이었던 간에 아무것도 모르고 있으면서도 아무것도 모르고 있다는 그 사실조차도 모르고 있으니까 자기보다 더 무식하다는 결론을 내렸다. 따라서 자기가 아테네 가장 지혜로운 사람이라고 주장했다. 이렇게 사람들을 애를 먹이고 다녔기 때문에 나중에 고소를 당했는데 고소 당한 죄목의 내용은 두 가지였다.

첫째는 아테네 시민들이 믿는 신을 믿지 않는다는 것이고 두 번째는 아테네 시의 청년들을 부패시켰다는 것이었다. 작은 도시국가 제도에서 아테네 시민들이 믿는 신을 믿지 않는다는 죄목이나 청년들을 부패시켰다는 죄목은 대단히 심각한 죄로 사형에 해당하는 죄였다. 그 당시 시민들 가운데서 선출된 배심원 500명 앞에서 재판을 받았고 약 280대 220명의 근소한 차이로 소크라테스는 유죄 판결을 받아 사약을 마셔야 했다.

이 재판과정에서 소크라테스는 자기가 델피의 신전에서 신탁을 받았다는 것을 강력하게 강조했는데 이 말은 자기가 악령의 가르침을 믿고 있다는 사실을 고백하는 것이었다. 두 번째로 철학 작업을 하는 일환으로 자기가 돌아다니면서 사람들에게 질문한 것은 자기가 하고 싶어서가 아니라 아테네 사람들이 믿는 신의 지시를 받고 했다고 했다. 이 당시 아테네 사람들이 믿는 신은 악령들이었다. 디오스($\theta\varepsilon o s$)는 신적인 존재들이고 다이모니온(διαμόνιον, δέμον)들은 신과 다른 존재들 사이에서 난 것들이었는데 그런 까닭에 신들도 믿고 악령도 믿었다는 사실을 자신이 분명히 밝혔다. 그뿐 아니라 자기가 어려서부터 성장하는 과정에서 항상 '악령들의 계시', '신들의 계시'를 받고 철학 활동을 해왔다는 사실을 자기 입으로 고백 함으로 자신은 아테네 사람들보다 더 철저하게 신들이나 악령 들을 믿었다고 변명했다. 더 나아가서 자기가 청년들을 부패 시켰다는것은 언어도단이다 자기는 청년들이 옳게 믿도록 가 르쳤을 뿐만 아니라 무엇을 알고 있는지 지적하는 작업을 한 것 뿐이라고 주장했다.

소크라테스를 철학의 아버지라고 부르고 있는데 소크라테 스의 철학은 악령의 영감에 의해서 발생된 이론이라는 결론이 나온다. 물론 철학자들이 차마 자신들이 믿고 있는 이론이나 학문이 악령의 영감에 의해서 발생된 이론이라는 것을 시인하 지 못하니까 그 사실을 중화시키는 작업으로 고대 주전 400 년대 헬라인들은 신(띠오스-θέοs)과 악령(다이모니온 - δαιμ όνιον)은 동격의 언어로 사용했는데 품성을 강조할 때는 띠 오스라는 단어를 사용했고 위력을 강조할 때는 디몬 이라는 단어를 사용해서 띠오스(신)와 디몬(악령)을 동격으로 사용 했지 디몬이 성경에서 말하는 것과 같은 악령이 아니라고 주 장한다.4)

그러나 이미 설명한 대로 헬라인들이 믿었던 신들은 원래 우주 만물을 창조하신 하나님이 아니다. 이름을 디오스라고

---

4) B. E. Jewat op. cit. Apology.

붙인 것뿐이지 원래 타이탄들에게 속한 크로노스와 레아 사이에 출생한 여섯 형제들로 2차적인 계열에 속한 피조물이지 성경에서 말하는 창조주가 아니다. 그럴 뿐만 아니라 70인 역 같은데 보면 여호와 하나님(엘로힘)은 어느 때든지 예외 없이 띠오스(θεοs)로 번역되어 있고 한번도 디몬으로 번역된 예가 없다. 반면에 우상이나 이방 잡신을 한번도 띠오스로 번역한 예가 없고 항상 다이모니온이나 다른 단어로 번역했다. 그러므로 품성을 강조할 때는 띠오스로 위력을 강조할 때는 디몬으로 교체해서 사용했다는 이론은 전혀 잘못된 이론이다.

철학은 잘 배우고 이해하면 학문을 하는 도구로 얼마든지 사용할 수 있다. 따라서 철학은 신학을 이해하는 유용한 도구로도 사용될 수 있다. 그러나 철학적인 이론을 잘못사용해서 신학적인 이론을 부정하는 입장을 취하면 그것은 마치 돌팔이 의사의 손에 쥐인 해부도가 사람을 죽이는 것처럼 돌팔이 철학으로 신학저인 진리를 부인하는 비극적인 결과를 가저온다.

2. 영지주의자들의 데미얼지(Demi-Urge)

영지주의의 이론은 한마디로 정의하면 이원론이다. 영계의 존재는 선하고 물질세계는 악하다는 이론으로 이것은 배화교의 사상이었다. 선과 악의 원리가 영원 전부터 영원 후까지 이원론적으로 존재하면서 이합 집산을 하는 가운데 물질세계가 생성 소멸되고 역사가 존속 발전된다는 이론이다.

성경의 계시(신약)가 종결된 이후 기독교는 성경말씀에 근거해서 교리체제를 발전시켰다. 교리체제는 원칙상 하나님의 말씀에 근거해서 계속해서 발전되었어야 했다. 그러나 기독교의 교리는 불행스럽게도 2세기경에 절정에 달했던 영지주의나 4세기경에 그 전성기를 이룩했던 신플라톤주의 등 비기독교적인 종교사상이나 철학사상 및 민속 신앙의 영향을 많이 받게됐다.

특히 영지주의에서 생기는 문제는 악한 물질이 어디서 왔느냐? 선한 하나님이 악한 물질계를 창조하실 수 는 없지 않으냐? 하는 문제들이다. 헬라철학의 자연주의와 함께 원인이 없는 결과는 있을 수 없다는 이론이 발전함에 따라 하나님이 창조하지 않으셨다면 악한 물질이 어디서 왔느냐 하는 문제가 심각한 문제로 대두되었다.

기독교인들은 초자연주의를 받아들였고 하나님은 초자연적인 하나님이신데 어느 날 하나님만 계신 상태에서 말씀으로 무에서 유를 창조하셨다고 간단하게 결론을 내릴 수 있었다. 그러나 자연주의를 받아들이고 나면 하나님이라도 원인 없는 결과를 가져올 수는 없는 것이다. 그러므로 선하신 신이 악한 물질을 어떻게 창조하셨느냐 하는 문제를 놓고 원래는 완전 무결한 신이 한분 계셨는데 이 신이라도 무에서 유를 창조할 수 없었기 때문에 자신의 일부를 떼어서 발진 시켜서 이제는 순수하고 완전한 신이 아닌 제 2차적인 신적인 존재를 만들어 냈다고 했다. 이 존재를 데미 얼지'($\delta\eta\mu os$ + $E\rho\gamma o\nu$ - 데미와 얼지의 합성어로 "사람들을 위해 일하는 자들"이라는 뜻의 단어)라고 했다. 이 데미얼지(Demiurgy)라는 말은 신의 일부가 발진해서 제 2차적인 신적인 존재가(Emanation) 됐다고 하는 것이다.

이렇게 발진된 이차적인 신적인 존재가 또 자신의 일부를 발진시켜서 3차적인 신, 4차적인 신, 5차적인 신으로 계속해서 신적인 존재들이 발진된 것을 "데미얼지"라고 부르는데 이것은 마치 헬라 신화에서 타이탄들이 결혼을 해서 낳은 존재들이 신적인 존재들이라고 했던 것 과 비슷한 개념이다. 이렇게 계속해서 발진돼서 나온 후에 결국 성령은 30번째 발진된 존재이고 그리스도는(로고스) 29번째 그리고 여호와 하나님은 28번째 발진된 존재라고 계단상 28번째 발진된 존재가 구약에 나오는 여호와 하나님이라고 지적했다.

제 1차적인 하나님은 완전하고 순수한 하나님이셨지만 구약에서 말하는 여호와 하나님은 28번째 발진된 신인 까닭에 발진될 때미다 그 질이 저하되고 또 저하돼서 28번째 빌진됐던 데미얼지로서의 여호와는 완전하신 하나님과는 거리가 멀어진 까닭에 악한 물질계를 창조할 수 있을 뿐만 아니라 자신이 악을 행할 수 있는 존재여서 진노하고 질투하고 처벌하시는 하나님으로 구약성경에 나타났다고 주장했다.

이 말을 다른 말로 바꾸면 구약성경의 여호와 하나님이나 도성인신 하신 예수 그리스도 그리고 성령은 모두다 데미얼지 중에 하나로 취급해서 천사나 악령들과 비슷한 존재들이라는 결론을 내림으로 여러 번 발진된 데미얼지중의 하나인 로고스가 악한 물질 세계를 창조할 수 있었고 따라서 물질세계는 악하다는 이론을 정당화 시킬 수 있었다. 이 이론은 어떤 방법으로든지 하나님이나 예수 그리스도 그리고 성령을 격하시켜 믿는 사람들을 혼동시키려고 꾸준하게 노력한 사탄의 연구 작품인 것 같다.

3. 스콜라·철학과 중세 기독교

로마 카톨릭교회는 소수의 지성인들을 제외하고는 대부분의 신부나 실권자들은 성경에 관해 무식한 사람들이었었다. 교회의 모든 집례에는 설교를 하는 것이 아니라 몇 가지 교의나 신경 등을 라틴어로 외워서 매 주 똑같은 순서절차를 형식적으로 집례하면 되었기 때문에 구태여 글을 알아야 될 필요가 없었다. 그래서 실제로 중세기에는 신부들이라도 낫 놓고 기역자도 모르는 무식한 사람들이 많이 있었다.

이 당시 교회의 실권자들은 성서적인 진리보다는 권력 확장에 더 몰두했고 일반 백성들을 가르치고 선도하기보다는 탈취와 지배에 더 관심을 기우렸다. 이러한 상황에서 장원에 예속된 농노들은 지주 및 장원주 그리고 교회의 약탈과 탈취의 대상에 불과했다. 이렇게 교회에서 성경 말씀을 배울 기회는 전혀 없이 억눌리고 착취만 당하는 비극적인 생활 가운데서 각종 미신, 악령 및 사탄예배들이 성할 수밖에 없었다.5)

---

5) Julius Michelet, Satanism and Witchcraft: The Classical Study of Mediaeval Superstition. Trans., A. R. Allison, (Sacaucas. N. J.: Citadel Press. nd) pp. 21-31
Paul Carus, The History of Devil: And the Idea of Evil from the Earliest Time to the Present day. (La Salle, ILL: Open Court Publishing Co. 1974)

그럴 뿐만 아니라 4세기 이후에 야만인(이 때는 지금의 독일계 민족을 야만인 취급을 했음)들의 침략이 매우 심해졌다. 이 당시 로마 제국의 콘스탄틴 황제는 비잔틴으로 수도를 옮기면서 자기 이름을 따서 콘스틴티노풀이라고 이름을 고치고 로마 제국의 수도를 동방으로 옮겨버려서 로마에는 교회만 남아 있게 됐다. 그래서 야만인들이 계속해서 침략해 들어올 때 카톨릭 교회가 자연스럽게 백성들을 보호하는 위치에 있게되었다. 로마교회가 초창기에는 돈을 주고 용병을 고용해서 방어를 했으나 용병들에게 월급을 주는 것에도 한도가 있어서 나중에는 경제적으로 노서히 삼낭해낼 수가 없었다. 그래서 생각해낸 묘안이 이들을 대적해서 싸우느니 차라리 이들을 카톨릭으로 개종을 시키자는 것이었다. 이들을 개종시키면 교회를 위해서 봉사를 할지언정 피해를 입히지 않을 것이라는 생각으로 이 야만인들에게 선교를 하기 시작했다. 그런데 이 야만인들에게 기독교의 교리를 가르치려고 하니까 너무 무식해서 말이 통하지 않는 것을 발견했다.

독일의 수림속에서 창, 칼을 들고 사냥이나 해 먹던 야만인들에게는 전혀 하나님에 대한 개념이나 구원이나 영혼에 관한 개념이 없었기 때문에 기독교의 진리를 설명할 방법이 없었다.

그래서 이 기독교의 진리를 설명하는 방법으로 이 세상에는 눈에 보이는 것만 있는 것이 아니라 눈에 보이지 않는 것도 있다. 그것을 존재라고 부른다. 이 존재는 우주적인 것이라는 등의 개념을 가르치는 방법으로 발전된 것이 바로 스콜라철학이었다.

따라서 원래 스콜라철학이 발전된 것은 신학을 이해시키기는 방법으로 먼저 개념을 가르치기 위해서 발전되었던 것이다. 그런데 주객이 전도돼서 지금은 철학이 훨씬 중요한 학문처럼 취급되고 신학하는 사람들은 철학자들의 이론을 줄줄 따라가면서 신학을 철학의 이론에 맞추려는 노력을 하고 있다. 원래 서양 기독교문명권에서는 신학이 학문의 여왕이고 철학은 신학의 여종이라는 말을 해 왔는데 이것은 만고의 진리이다. 왜냐하면 인간들의 운명을 좌우하는 하나님과 인간과의 관계를 설명해줄 수 있을 뿐만 아니라 인간들의 운명이나 역사의 방향과 역사의 결론을 설명해주는 학문은 궁극적으로 신학밖에 없기 때문이다.

그러나 스콜라철학이 발전됨에 따라 신학이 엉뚱한 방향으로 나가다못해 심지어는 로마카톨릭교회의 신학을 총정리해 놓았던 거물급 자연주의 신학자 토마스 아퀴나스(Thomas Aquinas 1225-1274) 같은 사람도 그의 신학 총론에서 "보호하는 천사"(Guardian Angles)는 출생시에 파견되는가 아니면 세례를 받았을 때 파견되는가?" "바늘끝 위에 천사가 몇이나 동시에 서 있을 수 있는가?"(천사들도 존재하기 위해서는 공간이 필요한가 하는 문제이다) "천사들은 두 장소에 동시에 나타날 수 있는가?"(같은 천사가 미국에도 한국에도 동시에 나타나 보일 수 있는가 하는 문제이다) "천사들이 창조된 때로부터 타락했을 때까지 시간이 얼마나 경과됐는가?"6) 하는 문제들을 논의했다.

---

6) Thomas Aquinas, Summa Theologica 5 vols. (New York: Christian classics 1982) vol. I. pp. 833-993.

특별히 천사들의 타락의 시기에 대해서 단테는 창세기 1:3 절 이하의 창조시 제 6일에 인간이 창조되기 직전에 창조됐었고 그래서 창조된 후 약 20초 안에 타락했다고 주장했다. 창세기 1장이나 2장 가운데는 영계의 존재들이 창조됐다는 기록이 전혀 없다. 그런데 갑자기 창세기 3장에 뱀을 유혹하는 자라고 언급했다. 그러면 이 뱀을 어떻게 사탄이라고 자신 있게 규명 지을 수 있는가? 그것은 고린도후서 11장 3절에 "뱀이 그 간계로 이와를 미혹케 한 것같이 너희 마음이 그리스도를 향하는 진실함과 깨끗함에서 떠나 부패할까 두려워하노라."고 뱀이 그 간계로 하와를 유혹한 사실을 지적하고 있다. 13절 이하에서는 이 존재를 가리켜서 "저런 사람들은 거짓 사도요 궤휼의 역군이니 자기를 그리스도의 사도로 가장하는 자들이니라. 이것이 이상한 일이 아니라 사단도 자기를 광명의 천사로 가장하나니 그러므로 사단의 일꾼들도 자기를 의의 일꾼으로 가장하는 것이 또한 큰 일이 아니라 저희의 결국은 그 행위대로 되리라."고 말함으로 뱀은 결과적으로 사탄과 동일한 존재임을 명시하고 있다.

그럴 뿐만 아니라 요한계시록 20장 1절 이하에 "천사가 무저갱 열쇠와 큰 쇠사슬을 가지고 하늘로서 내려와서 용을 잡으니 곧 옛 뱀이요 마귀요 사단이라 잡아 일천 년 동안 결박하여…"라고 했는데 여기에 옛 뱀이라는 것은 에덴동산에서 활동했던 뱀을 말하는 것이다.

따라서 성경에 뱀의 배후에 역사했던 것이 사탄이라는 사실을 여러 번에 걸쳐 언급하고 있음으로 창세기에 언급된 뱀이 사탄이라는 말은 한번도 없어도 사탄이 뱀을 이용해서 하와를 유혹했다는 결론을 내릴 수 있다.

그러나 문제는 선하고 의로우신 하나님이 악한 사탄을 창조하셨을 수는 없고 선한 천사로 창조했는데 타락해서 사탄이 됐다면 언제 타락했느냐 하는 문제가 남았다. 창조의 순서에 의하면 6일이 됐을 때 인간을 창조했는데 인간이 창조되기 전에 영적인 존재들을 창조했을 것이라고 추측할 수밖에 없다.

청교도 신학자였던 존 밀톤은 창세기 1장중 물질 세계가 창조되기 훨씬 전에 천사들이 창조됐고 천사들이 타락하기까지는 상당한 기간이 있었고 사탄이 조직을 형성하고 하나님의 사역에 정면으로 도전할 충분한 시간적인 여유가 있었다고 설명했다.

이 이론은 간격론(Gap Theory)인데 창세기 1장 1절은 단순히 창조에 대한 서론이 아니라 창세기 1장 1절 자체가 영계를 포함한 모든 물질세계의 제 1차 창조에 해당하는 것이고 창세기 1장 2절에 땅이 혼돈하고 공허하며 흑암이 깊음 위에 있고 하나님의 신은 수면에 운행하시니라고 한 상태는 2차적인 상황으로 빚어진 사실이라는 이론이다.

따라서 창세기 1장 1절에 이미 영계의 존재들이 창조됐었고 혼돈과 공허한 가운데서 2차적으로 하나님께서 이 우주 만물을 창조하시고 또 재 정리해 가시는 과정을 관찰하던 영계의 존재들이 그 웅장하고 장대한 하나님의 역사를 보고 기쁨으로 소리쳤다고 했다. 이 사실은 하나님께서 폭풍가운데서 욥에게 말씀하신 내용중에서 찾아볼 수 있다.

"내가 땅의 기초를 놓을 때에 네가 어디 있었느냐 네가
깨달아 알았거든 말할 지니라. 누가 그 도량을 정하였었는
지, 누가 그 준승을 그 위에 띄웠었는지 네가 아느냐 그
주초는 무엇 위에 세웠으며 그 모퉁이 돌은 누가 놓았었느
냐 그 때에 새벽별들이 함께 노래하며 하나님의 아들들이
다 기쁘게 소리하였었느니라. "(욥기 38:4-7)

4. 종교개혁자들

로마제국이 가장 효과적으로 사용했던 식민 정책은 여러 민
족을 점령 통치하면서 군사권과 경제권을 장악해서 점령국이
세금만 제 때에 잘 바치고 로마제국의 정책에 반대하지 않는
한 지방 자치제를 허락했고 각 민족의 문화, 전통, 습성을 고
수하도록 최대한의 자유를 허락했다.

또 각 민족의 종교의 합법성을 인정해 주었고 종교적인 행
사의 자유를 최대한으로 허용했었다. 이러한 융화 정책 때문
에 그 거대한 로마제국의 통치 체제를 장기간 유지할 수 있었
던 것이다. 그런데 이러한 로마제국의 융화정책을 로마카톨
릭교회에서도 그대로 채택했다.7)

주후 4세기경부터 시작하여 독일계 야만인들의 대거 이동
이 시작되었는데 더러는 평화롭고 자유스러운 이민이었으나
이들의 이민 길을 막을 때는 무력을 행사하여 침략해서 밀려

---

7) Edward N. Luttwak. The Grand Strategy of The Roman Empire : From The
First Contiry A.D. to the Third (Boltimore : The Johne Hopkiws University
press 1976)

들기도 했다. 따뜻하고 먹을 것이 풍부했던 남부 유럽으로 북구인들이 밀려들어오기 시작하는 것은 자연스러운 현상이었고 이같은 독일계 민족의 대이동을 흔히 "야만인들의 로마제국 침략"이라고 말해 왔다.

로마제국이 동서로 갈라진 이후 사실상 로마의 군사조직이 정치에 깊이 관여하기 시작하면서 기력을 잃은 늙은 말처럼 비틀거리기 시작했고 황제의 위가 계속 바뀌면서 사실상 지도체제가 무산되어 버림으로 로마제국은 계속해서 밀려들어오는 북구인들의 이민의 떼를 막을 힘이 없었다.

이미 지적한대로 6세기경까지는 로마교회가 돈을 주고 용병을 사서라도 이 쓰러져 들어오는 야만인들을 막아 보려고 노력했으나 결과적으로 물 밀 듯이 내려오는 북구인들을 막아낼만한 군사조직을 유지할 경제력이 없게 되자 이 야만인들을 포용하여 개종시키는 정책을 썼다. 로마제국이 식민정책에 사용했던 포용정책을 로마 교회에서도 그대로 받아들여 이 야만인들이 가지고 들어온 정령 예배, 조상들의 신을 섬기는 것, 영웅숭배를 하는 것 등을 묵인했을 뿐만 아니라 이런 습성은 천사예배, 악령예배, 성자예배 등의 형식으로 자연스럽게 변모되어 받아들여졌고 중세기에는 아예 성경을 떠난 각 민족들의 우상숭배가 무질서하게 난무하는 시대가 되어 버렸다.

미쉬렛(Julius Michelet)이 쓴 중세기의 사탄주의와 마법 그리고 미신(Satanism and Witchcraft:The Classical Study of Mediaeval Superstition)이라는 책을 통해서 보면 중세기

에 많은 사람들이 사탄이나 악령 예배를 했는데 그 이유는 역사적으로 중세 카톨릭 교회는 사실상 장원주나 귀족들의 권리에 편승해서 그들의 앞잡이 노릇을 하는 상황이었다. 그래서 교회에서는 농노들에게는 글을 배우지 못하게 했고 성경을 자유로 읽지 못하게 했다. 그럴 뿐만 아니라 그 당시는 카톨릭 교회에서 모든 예배의 의식을 라틴어로 집례했기 때문에 평생 동안 카톨릭 교회에 나갔더라도 중세기의 일반 평민들은 성경 말씀을 전혀 모르고 지내는 것이 상례였다.

이때에는 장원이나 귀족들의 농장에서 짐승처럼 천대받아 가며 일을 하던 농노들이 많이 있었는데 이런 사람들이 산간 벽지 먼 지역으로 도망가는 예가 많이 있었다. 장원주나 귀족들은 이렇게 도망가서 숨어사는 농노들을 그냥 놔두지 않고 의례 기사(knight)들을 보내서 잡아들였다. 이들이 잡혀서 장원주나 귀족들에게 끌려오면 의례 심한 고문이나 학대를 받아야했고 심지어는 죽임을 당하는 일까지 있음으로 항상 두려운 마음으로 전전긍긍하면서 살았는데 그런 상황에서 물에 빠신 사람이 지푸라기라도 붙드는 심정으로 무엇이 되었던지 닥치는 대로 예배하는 수밖에 없었다.

기독교의 교리를 정확하게 배우지 못한 상태에서 막연하게 무엇엔가 예배를 하기 시작하므로 천사예배, 성 베드로, 성모 마리아, 사탄예배, 혹은 악령을 예배하는 풍습이 얼마든지 발전될 수 있었던 상황이었다고 분석한다.8)

종교개혁을 주도했던 개혁자들은 하나님의 말씀이 신앙과

---

8) Julius Michelet, op., cit., pp.21-40. Paul Carus, op., cit.,

행위의 궁극적인 권위가 되어야 한다고 강조하면서 중세기의 천사예배, 악령예배 혹은 성자예배뿐만 아니라 모든 무속신앙 등의 폐단을 피하기 위해서 의도적으로 영계론에 관해서는 아예 언급을 회피했었다.

교회사에서는 종교개혁이 인류역사상 발생했던 가장 획기적인 사건이었던 것으로 설명한다. 그러나 실제로 문화사를 보면 문예혁명이 14세기로부터 시작됐었고 종교개혁은 문예혁명의 일환으로 알프스산 북쪽의 북방 독일 민족 사이에서 발생했던 지엽적인 운동에 불과했지 알프스산 남쪽에는 전혀 종교개혁의 영향이 미치지 못했었다. 그대신 문예혁명은 유럽 전체를 다 뒤덮었던 광범위한 역사적인 운동이었다.

문예혁명은 고대 헬라의 세속적이고 인본주의적인 자연주의의 복구 운동이었다. 따라서 문예혁명과 함께 이성주의 와 과학주의가 보편화되기 시작했다. 이러한 문예혁명의 영향의 일환인 이성주의와 자연주의가 맞물린 운동으로 상호 협조하는 체제에서 종교개혁이 성공적으로 성취되어 개신교가 발전하게됐다.

그런데 개신교는 루터의 후계자 메랑톤 같은 이성주의적이고 인본주의적인 사람이 나타나서 루터란 신학이 채 정지작업이 되기도 전에 이성주의화했고 과학주의 자연주의에 몰려서 정상적인 발전을 할 기회가 없었다. 자연주의와 이성주의의 영향을 받으면 의례 눈에 보이는 실체만 존재하는 것이고 눈에 보이지 않는 영계의 존재들 특히 사탄이나 악령들이나 천사들이 있다는 것은 황당무계한 잠고대로 생각하는 경향이 생

기기 마련이다. 그래서 성경에 분명히 273번이나 언급하고
있는 천사나 악령이나 사탄에 관한 내용을 교리적으로 정리하
지 못했던 것이다.

18-19세기 이후에 성서해석상 문자적 해석법이 사용되기
시작했고 성경에 천사나 사탄 그리고 악령에 관한 언급이 있
음으로 어느 정도 영계의 존재들에 대한 관심을 갖기 시작했
다. 특별히 1900년대 이래 일어난 미국의 성서 사경회 운동
의 결과 천사나 악령에 관한 관심이 고조되기 시작했다. 미국
은 일차대전 이전에는 지금처럼 산업화되고 대도시화 하지 않
았기 때문에 농촌이 중심이 되었던 건전한 보수주의 사회였
다.

이러한 1900년대 초반에는 성서사경회 운동이 불꽃처럼
일어났는데 곳곳에 1000 여명 이상 수용할 수 있는 수양관을
지어 놓고 성경공부를 열심히 했다. 시골에서 농사를 지어놓
고 바쁘지 않은 농한기에는 이런 수양관에 들어가서 2주 3주
씩 있으면서 아침부터 저녁까지 성경 읽고 기도하고 강의를
듣는 성경사경회 운동이 유행이 되었는데 이러한 영향으로 일
반 평신도들이 상당한 성경지식을 갖게 되었다.

이것이 가능했던 것은 또한 미국의 공립학교 제도로 문맹만
퇴치된 것이 아니라 일반 백성들의 지식수준이 상당히 높아졌
기 때문이기도 하다.

1780년대로부터 토마스 제퍼슨의 노력으로 의무교육을 시
키는 공립학교 제도가 실시되었다. 토마스 제퍼슨은 머리 좋

은 사람들이 자연적인 귀족들(Natural Aristo-cracy)이라는 이론을 펴서 미국 같이 방대한 나라에서 머리 좋은 사람이 가난해서 교육을 받지 못하고 도태되면 미국의 자연적인 자원을 잃는 것임으로 미국의 발전에 막대한 손해를 보는 것이니까 미국 국민중에 유능한 사람이면 누가 됐던지 또 어떤 방법으로든지 발굴해서 사회의 지도자가 되도록 해야 한다는 주장으로 공립학교 제도를 강력하게 추진했다.

따라서 미국에서는 지금까지도 고등학교까지는 돈을 전혀 받지 않고 교과서까지 무료로 내 주면서 교육시키고 있을 뿐만 아니라 대학의 경우 장학금 제도가 잘 발전돼서 입학만 되면 미국 시민인 경우 돈이 없어서 대학 공부를 못하는 예는 전혀 없다. 이렇게 공립학교제도를 200여년 실시한 결과 1900년대 미국 국민 거의 다가 고등학교를 졸업한 수준이 되어 성경을 읽을 수 있었고 목사의 설교를 들을 때 이해하고 비평할 수 있었고 부흥사들이 와서 설교를 하면 이 사람이 성경에 일치되는 말을 하고 있는지 엉뚱한 거짓말을 하고 있는지도 판단할 수 있어서 미국식인 민주주의에 의해 교회들이 건전하게 발전했다.

따라서 1900년대 이후에 왜 그렇게 성경에 분명히 언급된 성령이나 천사들이나 악령들 그리고 사탄이나 종말론 등에 대해 우리 교단에서는 가르치지 않느냐 하는 질문들을 하기 시작했다. 일반 교인들의 이러한 요구에 의해서 성령론이나 천사론, 악령론, 사탄론, 종말론 등이 1900년대 이후에 처음으로 조직 정리되기 시작했으나 아직도 천사론이나 악령론, 사탄론 등은 미개척분야의 교리여서 조직신학 책에서도 이 문제를 자세히 다루지 못하고 있는 것이 사실이다.

이러한 상황에서 묘하게 꼬여져서 1980년대 이후에 뉴에 이지 운동(New Age Movement) 같은 것이 발생했다. 그래서 셜리 메크래인 같은 영화배우가 여자 제사장 역할을 하면서 이 뉴에이지 운동이 보편화되고 있다.9) 이 뉴에이지 운동에 관련된 사람들은 진화론을 받아들인 상황에서 타계의 존재들을 인정하는 입장을 취하면서 불교식인 참선을 통해 타계에서 보내는 계시를 받는다는 등 각종 종교의 특성을 다 종합해서 다원적인 종교로 새롭게 형성되고 있다.10) 그래서 천사, 악령, 사탄이 흔히 타계의 존재라고 설명하는 상태가 됨으로 오히려 성서적인 천사론, 악령론, 사탄론은 잠적되어 가는 경향이 있다. 물론 이런 것은 사탄이 자신들의 정체가 드러나지 않게 하기 위해 엉뚱한 데로 관심을 기울이도록 기술적으로 교회에 들어와서 교리를 부패시키고 기독교의 본질에 변화를 가져오는 일을 효과적으로 하고 있다고 볼 수 있다. 따라서 과학문명이 발전되면서 사탄이나 악령들의 활동이 감소된 것이 아니라 더 묘하게 음성적이면서도 기술적으로 장난질을 하고 있다고 본다.

5. 자연주의자들의 견해

최근에는 자연주의 계통의 학자들 중에 천사나 악령 혹은 하나님이 타계의 존재들이라고 주장하는 이론들이 상당히 보

---

9) Friedrich Otto, "New Age Harmonies" Time. December 7, 1987. pp. 62-72.

10) Robert Brow, "The Taming of a New Age Prophets." Christianity Today. June 16, 1989. pp. 28-30.

편화되고 있다. 진화론을 일단 받아들이고 나면 초자연적인 세계의 존재는 인정할 수 없기 때문에 우리가 알고 있는 영계의 존재로서의 하나님이나 천사, 악령, 사탄 같은 것은 인정할 수 없게 되는 것이다.

잭 스토네리 와 로우톤(Jack Stoneley with A. T. Lawton)이 《세상 밖에 누가 있느냐?(Is Anyone out there?)》라는 책을 썼는데 로우톤은 영국의 황실 천문학자이다.11)

그래서 이 책은 과학적인 입장에서 진화론에 근거해서 썼을 뿐만 아니라 수학적인 확률을 계산해서 타계의 존재들이 있다는 사실을 역설했는데 이들이 주장하는 바로는 은하계 안에만도 10^{28} 개(10에 0 이 28개 붙은 숫자 100,000,000,000,000,000,000, 000, 000, 000)의 별이 있다고 한다. 이런 사실에 근거해서 이것을 수학적인 확률로 따져서 몇 개 정도의 별에 지구에서와 같은 생명이 발생할 수 있느냐 하면 1천 3백 50억 개의 별이라는 숫자가 나온다. 그런데 이 1천 3백 50억 개라는 숫자를 줄이고 줄이고 또 줄여서 은하계 중에 적어도 2천 개의 성계, 혹은 200개의 성계에 지구에서와 같은 생명이 발생할 수 있지 않았겠는가라는 가정이 나온다.12)

지구가 속해 있는 태양계는 비교적 최근에 발생한 젊은 성계라고 하는데 다른 은하계의 성계들은 지구보다 훨씬 먼저 수십만 년, 수백만 년 전에 형성돼서 생명도 지구보다 먼저

---

11) 8 Jack Stoneley with A.T. Lawton ed., Is Anyone Out There? (New York: Waner Paperback Library. 1974)
12) 9 Op., Cit., pp. 76-70.

발생했을 것이고 지구와 비슷한 속도로 진화가 계속됐다면 타계의 생물체들은 지구에 살고 있는 인간들보다 수십 수백만 년 앞선 과학문명을 가지고 있을 것이고 그런 까닭에 비행접시 같은 것을 만들어서 성계를 횡단해서 지구에 올 수도 있고 지구에 와서 돌아다니다가 추격을 당하면 갑자기 없어져 버리는 것은 아주 간단한 문제라고 주장한다.

따라서 이제는 예수를 믿는 사람들이 천사나 악령 등 영계의 존재에 관해 거론하고 깊이 연구하는 것이 아니라 오히려 자연주의자들 중에서 자연주의적인 논법에 의해 넝석인 론새들을 고도로 발달한 과학문명을 가진 타계의 존재들이 비행접시를 타고 자유 자재로 지구에 왔다갔다 하면서 활동을 하는 것이라고 믿고 있다. 과거에는 인류의 조상들이 무식했기 때문에 타계의 존재들이 왔던 것을 보고서 이것이 하나님이나 천사나 사탄이나 악령들이라고 믿었는데 이 사람들이 타계의 존재들과 좋은 체험을 했으면 하나님이니 천사라고 불렀고 타계의 존재들과 나쁜 체험을 했으면 이것을 사탄이나 악령들이라고 했다고 주장한다.

그럴 뿐만 아니라 이들의 동물원설(Zoo Hypothesis)[13] 에 의하면 지구는 고도로 발달된 과학문명을 가지고 있는 타계의 존재들이 지구에 인종을 가져다 놓고 그 인종들이 어떻게 발전되고 있는지를 관찰하고 있는 동물원과 같다고 주장한다. (이것은 창세기의 창조설을 교묘하게 인용한 이론이다) 동물원에

---

13) 10 Op. Cit., p. 72.

갇힌 것 같은 사람들은 지구를 훌쩍 뛰어나와서 어디로 도망할 수 없는 고로 꼼짝 못하고 지구 안에서 서식을 하고 있는데 가끔 비행접시들이 와서 사람들을 잡아다가 조사를 한다고 한다.

최근에 U. F. O의 활동이 더 활발해진 것은 사람들이 자꾸 원자탄 실험을 하므로타계에서 이 것을 관찰을 하고 만약 사람들이 원자무기를 너무 많이 발전시키면 인종 전체가 다 멸망할 수 있을 뿐만 아니라 나중에는 우주 전체에까지 영향을 미칠 수 있으니까 이 단계에서 인류 전체를 싹 쓸어서 없애버리는 것이 옳으냐 아니면 원자무기를 개발하더라도 당분간 놔두고 관찰하는 것이 옳으냐 하는 것을 아직 결정하지 못했기 때문에 이런 것을 조사하기 위해서 더 타계의 존재들이 자주 나타나고 있다고 한다.

요즈음 텔레비전에 대단히 인기 있는 프로그램들인 스타트랙 다음 세대 나 스타트랙 보예저(Star Track Next Generation, Star Track Voyager) 등이 보여주고 있는 것은 비행선을 만들어서 광선보다 9배 -10배 더 빨리 비행해서 성계를 여행하기도하고 전쟁도 하는 내용으로 이야기가 진행되고 있다. 그럴 뿐만 아니라 거기에 나오는 등장 인물들 중에 크링언이란 존재의 언어를 따로 만들어서 이것을 배워 쓰고 있는 사람돌이 있는가 하면 여기에 나오는 등장 인물들을 인형으로 만들어 장난감으로 팔고 있다.

레이몬드 드레익(W. Raymond Drake)이 쓴 《고대 중동

지방의 신들과 우주인》이라는 책에 의하면 고대 중국이나 인
도, 쌘스크리트, 일본, 티벹, 애급, 바벨론 등의 문명 가운데
천계의 존재들에 관한 수없이 많은 자료들이 있다고 한다. 그
뿐만 아니라 성경의 출애급의 사건까지 포함해서 고대 중요한
종교서적들에 의하면 천계에서 계속해서 전쟁이 일어나고 있
는 사실에 대해서 기록하고 있는데 지상에서 살고 있는 미개
한 사람들이 보았기 때문에 신들이 전쟁을 하는 것으로 보였
던 것 뿐이지 이것은 실제로 타계의 존재들이 이미 고도로 발
전된 비행물체(U.F.O.)를 발명했고 폭팔물들을 발명해서 주
도권 쟁탈전을 하느라고 공중에서 전쟁을 하고 있는 것을 신
들이 전쟁을 하는 것으로 기록했다고 주장한다.14)

그럴 뿐만 아니라 60년대 후반으로부터 70년대에 큰 물의
를 일으켰던 에릭 본 데니켄(Eric Von Daniken)이 쓴 《신들
의 수레(Chariots of God)》라는 책에서는 성경의 모든 이야
기를 U. F. O. 의 요소로 설명하고 있다. 그래서 에스겔서에
나오는 생물들이나 불말이 와서 에레아를 공중으로 올려간 시
건, 혹은 에녹이 죽음을 보지 않고 하나님이 데려가신 사실
등을 전부 타계의 존재들이 와서 데려갔다고 설명하고 있다.

그뿐 아니라 중남미 일대에는 그 옛날 미개한 사람들이 했
다고는 도저히 말할 수 없는 면도칼도 들어가지 않게 정확하
고 정밀하게 돌을 깎아서 쌓아 놓은 성벽이 있는데 이런 것이
다 타계의 존재들이 와서 쌓아 놓았던 것일 가능성이 있다고
주장한다. 그 외에도 중남미 일대에 많이 있는 피라밋들도 모

---

14) 11 W. Raymond Drake, Gods and Spacemen in the Ancient East (New York:
The New American Library. 1973)

두 타계의 존재들이 와서 쌓은 것이라고 설명하고 있다. 15)

도우닝(Barry H. Downing)은 프린스턴 신학을 나오고 에딘버그에서 Ph. D를 받고 현재 엔드웰(Endwell N. Y)에 있는 놀트민스터 장로교회에서 시무하는 목사인데 성경 전체를 타계의 존재(U.F.O)의 요소로 해석하고 있다.

예를 들어 창세기에 하나님이 흙으로 사람을 빚으시고 코에 생기를 불어넣어 사람이 됐다는 사실을 타계의 존재들이 비행접시를 타고 지구에 와서 유원인들이 돌아다니는 것을 발견하고 그 중에 하나를 잡아 고도로 발전된 유전공학적인 방법으로 그 유전인자를 변화시켜 사람이 되게 했고 계속해서 발전되어 가고 있는 과정에 있다고 했다. 출애굽의 사건도 타계의 존재들이 생물학적인 실험을 하기 위해 모세에게 나타나서 애굽에 가서 노예로 살고 있던 이스라엘 백성들을 해방시키라고 명령을 했는데 그 때 모세가 본 불은 붙고 있었지만 타서 없어지지 않은 가시 덤불은 비행접시가 발산하는 섬광이 가시덤불을 통해서 보였던 것이고 고도로 발달된 과학적인 기술로 열 가지 재앙을 일으켰고 광야로 나왔을 때 매일 만나를 먹인 것은 영양가가 많은 사료를 배합해서 하루에 한 번씩 비행접시에서 분사해 줌으로 그것을 긁어다가 먹고 광야에서 40년을 살 수 있었다고 설명하고 있다.

그럴 뿐만 아니라 지성소 안에 있는 법궤는 타계의 존재들

---

15) 12 Eric von Daniken, Chariots of the Gods? Trans. Michael Heron (New York: G.P. Putnam's Sons. 1969)
_____________, Gods from Outer Space: Return to the Stars or Evidence for the Impossible Trans. Michael Heron, (New York: G.P. Putnam's Sons. 1970)

이 제사장이라고 불리는 이스라엘의 지도자들에게 지시하고 명령하기 위해 설치된 고성능의 송신기(Transmitter)였고 대제사장이 일년에 한 번씩 지성소에 들어갈 때 흉배에 열 두 개의 보석이 붙은 우림과 뚜밈이라는 흉배를 달고 들어간 것은 송신기를 통해서 들어오는 타계의 존재들이 시달하는 명령을 받아들일 수 있도록 하기 위해서였다고 한다. 법궤가 고성능의 송신기인 증거는 후에 법궤를 옮길 때 웃사가 마차에서 떨어지려는 법궤를 붙들었다가 즉석에서 죽었는데 그것은 분명히 감전사였을 것이라고 주장한다.(물론 후에 다윗 같은 사람이 법궤를 만졌을 때 죽지 않은 것에 대한 설명은 없다.) 그뿐만 아니라 예수님도 타계에서 파송받은 스파이였다고 말한다.

> "예수는 타계에서 파송했던 밀사였다. 밀사란 외국에 살고 있거나 외국에 잠복하여 살고 있는 동안 거짓 이름을 사용하고 목수 등 위장 직업을 가지고 있는데 때로는 여행 안내원이나 기술자 등 자신의 신분을 감출 수 있는 직업을 선택하여 살면서 자국의 목적을 성취하기 위해 잠복해 들어간 나라의 정보를 수집하는 것이 그 목적이 다."[16]

따라서 도우닝의 이론에 의하면 예수님은 타계에서 지구로 보낸 밀사로 타계에서 필요한 모든 정보를 수집하기 위해 수하 요원들(제자들)을 모집했고 자신의 직무를 수행하던 중 비밀이 발각되어 체포되어 처형됐는데 고도로 발전된 의학적인 기술로 예수를 살려서 기계로 빨아올려갔다고 사도행전 1장의 기록을 해석하고 있다.

---

16) Barry H. Downing, The Bible and Flying Saucers (New York: Avon Books, 1968) p. 8.

또 예수님께서 올려가실 때 "너희 중에서 들어올려 가신 것처럼 다시 오시리라"고 한 사실에 대해서 예수님이 다시 오시는 것이 아니라 비슷하게 생긴 타계의 존재들이 어느 때인가 이 지구에 와서 성경에서 말하는 종말론적인 사건이 벌어지게 할 것이라고 한다. 따라서 예수님의 재림을 부인하고 타계의 존재들이 인류의 문명을 종식시키기 위해서 온다고 설명한다.17)

20-30년 전에만 해도 U.F.O. 같은 문제는 일종의 불가사의한 것으로 취급해서 웃어 넘겼는데 자연주의의 발전과 함께 진화론과 뉴 에이지운동(New Age Movement)과를 묘하게 연결시켜서 하나님이나 천사나 사탄이나 악령들을 타계의 존재들이라고 규정 지으면서 이 타계의 존재들은 지구보다 훨씬 먼저 진화론적인 발전을 시작했기 때문에 고도로 발달된 과학기술을 가지고 있을 것이고 그런 까닭에 6천년, 7천년 전의 창세기나 출애급의 사건 등 구약의 모든 사건, 심지어 예수님까지 성경을 떠나서 전부 타계의 존재라고 하면서 인간의 이성으로 이해할 수 있는 논리체제로 발표되고 있다.

이렇게 영계의 문제는 상당히 심각한 신학적인 문제로 발전되고 있는 까닭에 이제는 안일하게 있을 수 없고 성경에서는 영계에 관해 무엇이라고 가르치고 있는지에 대해서 정확하게 정립해야 될 단계가 됐다.

---

17) Ibid., 126-132.

제 2 장

성서적 영계론

기독교는 계시의 종교이다. 즉 기독교는 인간들의 노력이나 이론에 의해 형성된 종교가 아니라 하나님께로부터 받은 계시에 의해 조직 형성된 종교라는 뜻이다. 특히 개신교에서는 이 계시에 관한 이론이 명확하게 확립됐다.

로마 카톨릭 교회가 교권(교황이나 공회의)이나 전통을 신앙과 행위의 궁극적인 권위로 내세웠던 것에 반해 종교개혁가들은 성경이 모든 신앙과 행위의 궁극적인 권위라고 주장하고 나섰다.

종교개혁자들이 성경을 신앙과 행위의 궁극적인 권위라고 주장하는 데는 로마 카톨릭 교회의 교권 및 전통주의에 대한 반대뿐만 아니라 그 당시 상당한 세력을 형성하고 있던 소위 "자유교회" 운동자들을 겨냥한 것이기도 했다. 교회사를 통해서 보면 자유교회 운동은 심심치 않게 일어났던 운동인데 특히 12세기 이후 문예혁명과 십자군 운동 등 서방 기독교 문명에 심각한 변화를 초래한 이후에 종교개혁자들보다 더 철저하게 성경을 믿어야 한다, 중생한 사람들은 다시 침례를 받아야 한다, 그리스도의 재림이 임박했으니 오시는 주님을 맞을 준비를 해야 한다, 또는 세상으로부터 완전히 결별하여 경건한 신앙생활을 해야 한다는 등의 주장을 하고 나왔다.

이같은 자유교회 운동자들 중에는 특히 계시의 현존성을 주장하여 성경만이 아니라 현재도 성령의 인도하심 또는 계시를 따라 신앙생활을 해야 한다고 주장하는 무리들이 있었다. 따라서 종교개혁자들은 이런 자유교회 운동자들이 너무 극단적으로 나가는 것을 저지하기 위해 신약성경의 마지막 책인 요한계시록이 완성됐을 때 신약의 계시는 완성됐고 완성된 신약의 정경에는 일점 일획도 가감 삭제할 수 없다는 이론을 강력하게 주장했다.

몬타누스를 위시해서 교부들 중에서도 계시의 현존성을 주장하다가 이단으로 정죄된 사람들이 기독교 역사에 상당히 많은 것을 볼 수 있는데 계시가 마지막 신약성경인 계시록과 함께 효과적으로 종결됐다는 주장을 하게 됨으로 계시의 중계자로 활약했던 천사들의 활동도 중지되어 지금은 천사들의 활동을 찾아보기 힘들게 됐다는 주장이 따르게 되었다.

개신교 신학자들이 주장하는 계시가 종결됐다든지 또는 천사들의 활동이 종식됐다는 주장은 절대적인 주장이 아니다. 신구약 성경에서 찾아볼 수 있는 것 같은 보편화된 상황의 천사들의 활동이 종식됐음을 의미하는 것뿐이다. 천사들은 본질적으로 초자연적인 존재들인 까닭에 눈에 보이지 않고 피부로 느낄 수 없는 인간들의 경험 밖에 존재한다.

그러나 현재도 필요한 경우 얼마든지 특별한 상황으로 하나님께서 천사들을 명하여 특정한 목적을 시행할 수 있으며 필요하다고 생각하실 때 천사들을 현상화(Phenomenon)해서 눈에 보이게도 하시고 꿈이나 환상으로 또는 자연을 통해 신앙생활의 체험이나 기도 또는 성경을 통하여 우리에게 개인적인 계시를 주시는 것이 가능하다. 오늘날 천사들이 각양각색으로 우리들 사이에 역사하고 있는데 어떤 형태로든지 천사의 도움을 받았다든지 천사의 인도하심을 받았다는 확신이 있을 때 의심하거나 의아해할 하등의 이유가 없다. 그러나 이렇게 주어지는 계시는 어디까지나 각 개인에게 주어진 제한된 범위에서 주관적으로 주어지는 계시이기 때문에 성경 말씀처럼 누구에게나 적용될 수 있게 보편화하고 객관화할 수는 없다.

따라서 자기들의 주관적인 경험을 종합해서 천사들은 이렇다 악령들이나 사탄은 이렇다고 과학적인 이론을 제시할 수 없다. 영계의 존재들에 관해서만은 자연과학적인 연구의 대상에서 제외될 뿐만 아니라 논리적 정당성의 원리로도 연구될 수 없는 존재들이기 때문에 필연적으로 계시론적 인식론(Revelational Epistemology)으로 연구되어야 한다.

계시론적 인식론이란 내 이성(이성주의)이나 내 경험(경험주의)에만 의존하는 것이 아니라 지나간 과거에 이성 이전의 직감에 의해 느끼고 이해한 사실이나 경험을 통해서 이해한 지식 위에 살아계신 하나님께서 우주 안에 침투해 들어오셔서 필요한 사실을 인간들에게 계시해주신 성서적인 진리를 첨부해서 조직 정리하는 것을 말한다.

이러한 이해야 말로 인생의 운명을 좌우하고 인간과 하나님과의 관계를 옳게 정립하는 참되고 영원한 지식이 될 수 있다. 나는 평생 동안 한 번도 천사를 만난 경험이 없다 하더라도 천사가 존재하는 사실을 부인하지 못하는데 그것은 성경에 천사가 존재하는 사실을 분명히 언급하고 있기 때문이다. 또는 악령이나 사탄을 내가 한 번도 접하지 못했고 사탄이 타락하는 것을 내 눈으로 보지 못했고 악령들이나 사탄의 활동을 직감적으로 느끼지 못했다 해도 내가 이 존재들이 분명히 있는 사실을 부인할 수 없는 것은 하나님께서 주시는 초자연적인 계시(하나님의 말씀)에 사탄이나 악령들의 활동에 대해서 자세히 기록돼 있기 때문이다.

1. 하·나·님의 피조물

A. 물질세계 (一元論的 存在)

하나님이 지으신 피조물의 세계를 자세히 구분해 보면 눈에 보이고 손으로 만질 수 있는 시간과 공간을 차지하고 있는 무생물적 물체로 흙, 돌, 철광석 등 고체나 기체나 액체 등이 있으며 이것들은 다 눈에 보이는 물체들이다. 그런데 전자, 광파, 음파, 만유 인력, 우주의 힘 같은 것은 눈으로 볼 수 없는 것들이다. 이런 것들은 눈에 보이지 않는다고 해서 없다고 말할 수 없다. 아무것도 보이지 않고 없는 것 같은 빈 방에 천연색 텔레비전을 가져다 놓고 스위치를 틀면 광파가 계속해서 침투해 들어오고 있기 때문에 텔레비전에 영상으로 나타나는 것이다.

아무것도 없는 빈 방안에 성능이 좋은 라디오를 가져다가 놓고 틀면 전세계 방송을 다 들을 수 있다. 이것은 우리 눈으로는 아무것도 없는 것처럼 보이지만 음파가 계속해서 방안에 들어오기 때문에 라디오를 틀 때 방송을 들을 수 있는 것이다.

내 눈으로 직접 보지 못했으니까 광파도 없고 음파도 없다고 우기면 그 사람은 천치이다. 이 우주 안에는 눈에 보이지 않는 것가 얼마든지 있다. 무엇이든지 내 눈으로 봐야 믿겠다고 말하는 사람들은 우주의 실체를 올바로 이해하지 못하는 사람이다. 더 나아가서 하나님을 내 눈으로 보지 못했으니까 나는 못 믿겠다고 하는 사람은 나는 천치라고 고백하는 것에 불과하다.

물질세계를 다시 세분하면 생명이 있는 물체로 무의식 무감각한 생명체가 있다. 미생물, 바이러스, 식물 같은 것들은 일반적으로 무의식하고 무감각한 생명체라고 구분했다.

과거에는 식물들은 의식이 없고 무감각하다고 단정했으나 최근에는 식물에도 의식이 있어 자기들끼리 통신을 하고 있는 것 같다는 이론을 식물학자들이 주장한다.

의식이 있는 실체들로 동물이 있는데 동물들도 춥거나 배고프거나 목마른 것 혹은 위험을 느끼는 등 일반적인 의식이 있는 동물들과 자의식(Self Consciousness)이 있는 동물들로 구분할 수 있다. 동물들은 의식이 있어서 본질적으로 살려는 본능에 의해 자신의 생명을 지속시키려는 노력은 할지언정 사는 것을 비관하거나 살기 싫다고 자살을 기도하는 동물은 없다.

따라서 이러한 의지력을 갖지 않은 동물로부터 사람을 구분해 낼 수 있는데 사람에게는 도덕성이 있고 종교가 있을 뿐만 아니라 자기 자신을 객관화해서 생각의 목표로 삼아 자기를 판단하고 비평까지 할 수 있는 자의식(Self Consciousness)을 가진 동물이다.

그러나 요즈음은 학자들 사이에 의식과 자의식의 한계를 구분 짓는 것이 참으로 가능한가 하는 문제로 논란이 잦아지고 있다. 자연주의자들은 인간과 동물은 정도의 차이만 있을 뿐이지 근본적인 차이가 없다고 주장한다.

캠브리지 대학교의 교수 라일(Gilbert Ryle 1900-1976)은 데칼트의 기독교적인 이원론인 "인간은 육체와 영혼이 있는 존재이기 때문에 짐승으로부터 구분할 수 있다" 는 이론은 범주상의 과오(Category-mistake)라고 말했다. 여기에서 말하는 이원론은 기독교 2000년 역사를 통해 믿어 오던 이론으로 존재하기 위해 공간을 점령하고 있는 물질적인 육체와 공간을 필요로 하지 않는 실체인 영혼이 합쳐져서 한 개의 인간이 된다는 개념이다. 물론 기독교인들은 2000년 역사를 통해 전해온 영혼이 있다는 이론을 부담 없이 무비판적으로 받아들일 수 있다.

그러나 자연주의 학자들은 육체라는 범주 이외에 영혼이라는 개념의 다른 범주하나를 더 만들어놓고 영혼이 있다고 주장하는 것뿐이지 영혼이 있는 증거를 댈 수 없음으로 이것은 범주상의 과오라고 비평하는 것이다.18)

진화론자들도 인간들의 영혼이 있다는 것은 기독교인들의 주장에 불과하고 진화론에 의하면 인간에게 영혼이 따로 있는 것이 아니라 진화 과정에 있어서 훨씬 더 발전된 상태에 있는 것은 사실이지만 짐승과 다를 것이 없다고 주장한다.

B. 물질 및 영적인 존재(二元論的 存在)

데칼트가 말한 대로 인간은 물질인 육체와 비물질적인 영혼을 가진 이원론적인 존재이다. 그래서 물질 부분과 영적인 부분이 본질적으로 연합되어 있을 때 살아 있는 상태이고 영적인 부분이 물질 부분으로부터 분리될 때는 육체적으로 죽은 상태이다.

성서적인 죽음의 정의는 단순한 생명의 정지 상태를 의미하는 것이 아니라 비물질 부분과 물질 부분이 분리되면, 즉 영혼이 육체로부터 떠나면 그 육체는 죽은 육체이다. 반면에 영혼이 하나님으로부터 분리됐으면 그 영혼은 죽은 영혼이다. 따라서 성경에서 죽었다는 개념은 분리됐다는 개념이지 존재 상태가 종식됐다는 개념이 아니다.

어느 때든지 영혼은 존재하는 것인데 육체가 죽었다 함은 영혼이 육체로부터 분리된 상태에서 생명력이 종식된 것이고 영혼이 하나님으로부터 분리되면 그 영혼이 있기는 있지만 기능을 발휘하지 못해서 영적으로 죽은 상태가 되는 것이다.(디모데전서 5:6, 에베소서 4:18) 에베소 2장 1절 이하에 너희의 허물과 죄로 죽었었다고 했다… 또 그 때에 너희가 그 가운데

---

18)　Alburey Castell & Donald M.Borchest. An Introduction to Modern Philosophy: Examining the Human Condition. 5th ed. (New York: Macmillan Publishing Company. 1988) pp. 31-43.

서 행하여 이 세상 풍속을 좇고… 라고 했는데 죽은 존재가 어떻게 그 안에서 행할 수 있었는가? 영혼은 죽었고 육체만 살아서 돌아다니는 존재였음을 의미한다.

따라서 물질인 육체와 비물질인 영혼이 합해졌을 때 그것이 육체적으로 살아 있는 상태이다. 영적으로 살아 있는 상태는 하나님의 생명에 접붙임을 받아 영혼이 다시 하나님의 생명과 연합된 상태이다.(에베소서 2:5)

C. 영적 - 비물질적인 존재(單一 品性, 三位의 存在)

영적 비물질적인 존재중에는 단일 품성적인 존재와 삼위의 존재로 구분할 수 있는데 모든 영계의 존재들은 단일 품성적인 존재이다. 천사나 악령이나 사탄은 필요할 때는 현상화해서 눈에 보이도록 물질적인 존재로 자신을 변질시킬 수 있지만 본질상 영적인 존재이기 때문에 사람처럼 꼭 육체가 필요한 존재가 아니다.

따라서 필요치 않을 때는 사람들이 눈으로 보거나 만질 수 없는 비물질적인 영적인 존재로 남아 있다.

성경을 자세히 연구해 보면 이 영계의 존재들에 대해 몇가지로 구분해서 보여주는 것을 발견할 수 있다. 우선 제일 먼저 하나님에 대해서 가르치고 있는데 "하나님은 영이시니 예배하는 자가 신령과 진정으로 예배할 지니라"(요한복음 4:24)고 했다.

물론 천사나 스랍이나 그룹 등도 영적인 존재이고 타락한 천사들인 악령들도 영적인 존재요 사탄도 영적인 존재이다. 그러나 조심해야 할 것은 영으로써의 하나님과 기타 다른 영

적인 존재들과는 혼돈하지 말아야 하는 것이다. 하나님은 자
존자생하시는 삼위의 존재이신 반면에 영계의 모든 존재들은
단일 품성을 가진 존재로 생명의 근원이신 하나님께서 창조하
신 피조물로서 자기를 창조하신 하나님에게 의존되어 있는 존
재들이다.

2. 성경에 언급된 하나님께서 창조하신 영계의 존재들의 대별

I. 그룹(Cherub)(그부림 - 복수)

A. 얼굴 하나에 날개 두 개 있는 그룹

출애급기 25:18, 열왕기상 6:23-

B. 얼굴 둘에 날개 두 개 있는 그룹

에스겔 41:18-25

C. 얼굴 넷에 날개 넷과 손이 네 개 있는 그룹

에스겔 1:5 - 11, 에스겔 10:20-21, 에스겔 1:10-

1) 사람의 얼굴
2) 사자의 얼굴
3) 소의 얼굴
4) 독수리의 얼굴

D. 얼굴 넷에 날개 여섯 개 있는 그룹

요한계시록 4장 6절의 조아($\zeta\omega\alpha$)는 히브리어의(에스겔 1:5)생물의 번역으로 알려졌음.

II. 스랍(얼굴 하나 날개 여섯)

이사야 6:2 - 5

III. 천사들

A. 천사장 계급

미가엘 - 유다 6, 다니엘 10:13, 데살로니가전서 4:16
미가엘 - 다니엘 10:21, 12:1

B. 일반 천사들

골로새서 1:16 에베소서 1:21 베드로전서 3:22
보좌($\theta\rho\acute{o}\nu o\iota$) 정사천사
주관($\kappa\upsilon\rho\iota\acute{o}\tau\eta\tau\varepsilon s$) 권세
정사($\acute{a}\rho\chi ai$)
권세($\dot{\varepsilon}\xi o\upsilon\sigma\iota\acute{a}\iota$)
능력($\delta\upsilon\nu\acute{a}\mu\varepsilon\omega s$)

* 에베소서 6장 12절과 골로새서 2장 15절등에 나타나는 악령들을 정사와 권세들로 언급한 것으로 보아 정사와 권세계급에 속한 천사들 중의 일부가 타락해서 악령이 되었음을 알 수 있다.

1) 얼굴 하나에 날개 두 개가 있는 그룹(출애굽기 25:18-)

법궤 위에 금으로 만들어 놓았던 그룹들은 이 존재들의 모습을 모방한 것이다. 이 계급의 그룹들은 제일 높은 계급인 것 같고 하나님의 호위병 또는 보좌관과 같은 위치에 있어 하나님을 호위하는 존재들이다.

2) 얼굴 넷에 날개가 네 개 있는 그룹

에스겔의 환상 가운데 나오는 구룹들은 얼굴이 넷에 날개가 넷이 있는 존재로 기록됐다. 이 존재들은 얼굴 하나에 날개가 둘이 있는 그룹들보다는 하위에 있는 존재들인 것 같으나 하나님의 근위병 또는 수행원과 같은 위치에 있어 하나님의 보좌에 밀접하게 연관됐다.

3) 얼굴 넷에 날개가 여섯 개 있는 그룹

요한계시록에 언급되 있는 생물은 일반적으로 구약성경에 언급된 그룹으로 보는데 얼굴이 넷인 반면 날개는 여섯 개가 있는 것으로 기록되었다.(계시록 4:6-7, 15:7)

이 존재들은 그룹들 중에는 제일 하위에 있는 존재들로 스랍들처럼 하나님을 찬양하는 일에 관여되었으며 천국에서 빼어놓을 수 없는 중요한 위치를 차지하고 있는 존재들이다.

a. 스 랍

스랍은 이사야서에만 언급돼 있는 존재로 얼굴이 하나이고 날개는 여섯 개가 있는 것으로 기록되었다.스랍들은 하나님을 찬양하는 사역에 관련된 존재들이다. 그룹들이 하나님의 통치기구 및 통치행위에 관련된 존재인 것에 반해 스랍들은 종교문제에 관련된 존재들로 하나님을 찬양하거나 부르심을 받은 사역자를 정결케 하여 사역을 감당할 수 있게하는 일을 하는 것으로 이사야서에 언급됐다.

b. 천사(ἄγγελός)

영어의 angel은 그럭어의 앙게로스(ἄγγελος)를 음역한 단어이다.

한국의 토속신학 가운데 있는 선녀라는 개념은 성경의 천사들에 관한 사상이 바벨론 사람들에게 전달되면서 부패됐고 그것이 다시 인도로 가서 또 부패되고 인도를 거쳐서 중국으로 중국에서 한국으로 들어오면서 완전히 부패된 형태로 선녀라는 개념이 전수됐을 것이라고 본다.

그러나 성경의 "천사"는 변질된 동양사상의 선녀 또는 다른 영물들과는 완전히 구분되어야 한다. 성경에서 천사는 하나님의 심부름을 하는 자로 명시됐다. 이제까지 나열한 그룹이나 스랍 등 영계의 존재들 중에서 제일 낮은 위치에 있는 존재들이라고볼 수 있는데 천사들 중에서도 천사장 계급에 속하는 천사들이 있고 일반적인 천사들이 있는 것으로 대별된다. 천사장 계급에 속하는 천사들 중에는 미카엘, 가브리엘처럼 이름이 따로 있는 존재들이 있는가 하면 일반적인 천사들로 계급적인 구분만 되어 있는 천사들이 있다.

크리스마스 카드나 천사들에 관한 그림은 으레 반짝거리는 흰 날개를 치면서 날아다니는 예쁜 여자로 그려졌으나 성경에는 천사들에게 날개가 있다는 말이 전혀 없다. 날개가 있는 존재들은 그룹이나 스랍들 뿐이다. 또 한 가지 기억해야 할 것은 헬라어에서 어미가 오스(os)로 끝나는 것은 항상 남성 어미이다. 따라서 헬라어에서 언제든지 천사들을 $\alpha\gamma\gamma\epsilon\lambda\delta s$라 고 "os"를 붙인 것은 모든 천사들은 남성임을 증거한다.

에베소서 1장 21절에 명시된 (1) 정사, (2) 권세, (3) 능력, (4) 주관 등 네 계급의 천사들과 골로새서 1장 16절에 명시된 (1)보좌, (2) 주관, (3) 정사, (4) 권세 등의 천사들을 다시 정리하면 천사의 계급을 (1) 정사, (2) 권세, (3) 능력, (4) 주관, (5) 보좌 등으로 구분할 수 있다.

이상에 열거한 모든 영계의 존재들에 관해 연구하는 학문을 보편적으로 천사론이라고 부르기는 하지만 오히려 영계론 이라고 하는 것이 더 정확한 제목이 된다고 볼 수 있으므로 이 모든 영계의 존재들에 대해서 다시 자세히 설명할 필요가 있다.

제 3 장

그룹(Cherub)과 스랍(Seraph)

I. 그룹(Cherub)

구약성경에 그룹(Cherub-단수) 또는 그루빔(Cherubim - 복수)이라고 불리우는 존재들이 여러 번 언급됐다. 도대체 그룹들의 정체가 무엇이냐 하는 문제로 여러 가지 이론이 논란되어 왔다.

로마 카톨릭 교회에서는 일반적으로 그룹은 아직 성장하지 못해 죄지을 기회가 없는 상태에 죽어서 천국에 간 어린 아이들의 영혼들이라고 보는 견해가 있었다. 그래서 로마 카톨릭 교회에서 발행한 교리책들에서 통통하게 살찐 갓난 아이들이 벌거벗은 몸에 두 날개를 펴고 하나님의 보좌를 옹위하고 있거나 그리스도를 옹위하고 있는 모습의 그림들을 흔히 볼 수 있는데 이들을 그룹이라고 부른다.

신학적으로 이 문제를 취급하는 로마 카톨릭의 학자들은 그룹을 영계의 존재중 가장 높은 계급의 존재라고 본다. 이들이 분류하는 것은 천사들 전체를 천사, 천사장, 정사, 권세, 능력,(혹은 덕성) 주관, 보좌, 그루빔, 스라빔 등으로 일차적으로 구분하는 경우가 있는데 이같은 분류에 의해 스라빔은 제일 높은 계급의 영적 존재로 보고 그 다음에 그루빔 그리고 천사들은 제일 하위의 계급으로 구분하는 경우가 있다.19)

북침례교의 대표적인 신학자 스트롱(A. H. Strong)은 그룹이나 스랍을 존재하는 실체로 보는 것이 아니라 "중생한 인간들의 영혼을 대표하는 상징적인 존재"라고 말했다. 그뿐 아니라 그룹은 타락으로 인해 상실한 피조물의 완전성을 회복한 인간들을 대표하는 상징적인 존재라고 설명했다.20)

부흥사인 빌리 그래함은 이 존재를 하늘에 있는 상징적인 존재로 이해의 불가능성을 지적하기는 하면서도 실제로 존재하는 것들로 보고 있다.21)

일반적으로 보수주의 계통이나 복음주의 신학자들은 그룹을 영계의 존재들 중 가장 높은 존재로 천국에서 중요한 역할을 담당하고 있는 존재라고 믿고 있다.

---

19) Anscar Vonier O.S.B., "The Angels", The teaching of the Catholic Church. ed., Smith, 2 vols. (New York: McMillan Co., 1961) Vol. 1. pp. 248-285.

20) A. H. Strong, Systematic Theology: A Compendium. 3 vols.,(Philadelphia : The Judson Press., 1907) p. 449.

21) Billy Graham, Angels: God's Secret Agents. (Garden City, N.Y. Double Day and Company Inc., 1975)

딕카슨은 "그루빔은 항상 하나님의 존재 그리고 하나님의 영광과 관련하여 언급된 것으로 보아 영계의 존재들 중에서는 가장 높은 계급에 속한 존재로 보는 것이 옳다"고 말하고 있다.22)

성경의 기록을 종합적으로 연구 분석해 볼 때 그룹이나 스랍 및 천사들은 각기 다른 계급의 존재들이라고 보는 것이 옳다. 왜냐하면 성경에 그룹이나 스랍이 혼돈되어 언급된 경우는 전혀 찾아볼 수 없고 천사들이 그룹이나 스랍과 혼돈되어 사용된 경우도 없다. 물론 천사들 중에 왜 이름이 주어진 천사들이 있는 반면에 특별한 이름이 없고 성사나 권세, 능력, 보좌 및 주관 등 계급만이 언급된 천사들이 있는가 하는 등의 질문에 대해서는 답을 얻기가 힘든 것은 사실이다.

그러나 그룹, 스랍, 천사들을 각기 다른 계급으로 구별하는 것은 전혀 어렵지 않고 또 이 존재들은 상징적인 존재들이 아니라 하나님께서 만드신 피조물들로 하나님의 통치 기구에 직접 참여하고 있는 존재들이라는 데는 의심의 여지기 없다.

A. 그룹의 분류

모세가 장막을 만들고 장막의 기물들을 만든 것은 하나님의 명령에 의해서였다 법궤나 법궤 위에 만들어 놓았던 그룹은 하나님께서 모세에게 보여주신 모형대로 만들었다고 했다.

"내가 그들 중에 거할 성소를 그들을 시켜 나를 위하여 짓되 무릇 내가 네게 보이는 대로 장막의 식양과 그 기구의 식양을 따라 지을찌니라." (출애굽기 25:8, 9)

---

22) C. Fred Dickason, Ibid., p. 88.

"너는 삼가 이 산에서 네게 보인 식양대로 할지니라."(출애급기 25:40)

1. 얼굴 하나에 날개 두 개의 그룹

그룹들 중에서 얼굴 하나에 날개 두 개짜리의 그룹은 영계의 존재들 중에서는 가장 높은 위치에 있는 존재이다. 사탄도 타락하기 전에는 이 얼굴 하나에 날개 두 개짜리의 그룹에 속했던 것 같다.

하나님께서 장막 안의 지성소에 법궤를 만들어 안치하도록 명령하시면서 법궤 안에는 하나님과 이스라엘 사이에 발생했던 역사적인 유물중 가장 중요한 십계명이 새겨진 돌판, 아론의 싹난 지팡이와 만나를 담은 금 병 등을 보관하라고 명령하셨다.

특히 지성소 안에 안치된 법궤 위에 뚜껑을 정금으로 싸고 그 양 끝에 역시 정금으로 그룹의 모형을 만들어 속죄소를 보호하는 호위병과 같은 위치로 세우게 명했고 하나님께서는 이 그룹들 사이에 계시겠다고 약속하셨다.

"금으로 그룹 둘을 속죄소 두 끝에 쳐서 만들되 한 그룹은 이 끝에 한 그룹은 저 끝에 곧 속죄소 두 끝에 속죄소와 한 덩이로 연하게 할찌며 그룹들을 그 날개를 높이 펴서 그 날개로 속죄소를 덮으며 그 얼굴을 서로 대하여 속죄소를 향하게 하고 속죄소를 궤 위에 얹고 내가 네게 줄 증거판을 궤 속에 넣으라 거기서 내가 너와 만나고 속죄소 위 곧 증거궤 위에 있는 두 그룹 사이에서 내가 이스라엘 자손을 위하여 네게 명할 모든 일을 네게 이르리라."
(출애급기 25:18-22)

이 그룹이 덮고 있는 속죄소 즉 증거궤는 왕이신 하나님께서 칙령을 발표하시는 장소 즉 계시를 주시는 장소였다. 하나님께서 이스라엘 백성들의 대표인 모세를 여기에서 만나서 모든 지시사항을 주시겠다고 약속하셨다. 하나님께서 광야에 계셨을 때는 낮에는 구름 기둥으로 밤에는 불기둥으로 보이셨다가 후에 장막을 치고 안정했을 때 증거궤 위에 두 그룹의 날개 끝이 만나는 지점에 "영광의 구름"의 모습으로 좌정해 계셨는데 이것이 눈으로 볼 수 있는 하나님의 현상이었다. 이 속죄소 위에 만들어 놓은 그룹들은 하나님의 보좌관과 같은 위치에 있었다.

솔로몬이 성전을 건축했을 때 성전 안에 그룹을 장식으로 만들어 설치했던 사실을 열왕기서에서 다음과 같이 지적하고 있다.

"내소 안에 감람목으로 두 그룹을 만들었는데 그 고가 각각 십 규빗이라 한 구룹의 이 날개는 다섯 규빗이요 저 날개도 다섯 규빗이니 이 날개 끝으로부터 저 날개 끝까지 십 규빗이며 다른 그룹도 십 규빗이니 그 두 그룹은 한 척수, 한 모양이요 이 그룹의 고가 십 규빗이요 저 그룹도 일반이라 솔로몬이 내소 가운데 그룹을 두었으니 그룹들의 날개가 펴였는데 이 그룹의 날개는 이 벽에 닿았고 저 그룹의 날개는 저 벽에 닿았으며 두 날개는 전의 중앙에서 서로 닿았더라 저가 금으로 그룹에 입혔더라. 내외소 사면 벽에는 모두 그룹들과 종려와 핀 꽃 형상을 아로새겼고 내외 전 마루에는 금으로 입혔으며 내소에 들어가는 곳에는 감람목으로 문을 만들었는데 그 문 안방과 문설주는 벽의 오분지 일이요 감람목으로 만든 그 두 문짝에 그룹과 종려와 핀 꽃을 아로새기고 금으로 입히되 곧 그룹들과 종려에 금으로 입혔더라 또 외소의 문을 위하여 감람목으로 문설주를 만들었으니 곧 벽의 사분지 일이며 그 두 문짝은 잣나무라 이 문짝도 두 짝으로 접게 되었고 저 문짝도 두 짝으로 접게 되었으며 그 문 짝에 그룹들과 종려와 핀 꽃을 아로새기고 금으로 입히되 그 새긴데 맞게 하였고 또 다듬은 돌 세 켜와 백향목 두꺼운 판자 한 켜로 둘러 안 뜰을 만들었더라. "(열왕기상 6:23-36)

이상의 기록에 의하면 원래 모세가 법궤 위에 그룹들을 만들어 놓았던 것에 첨부하여 솔로몬의 성전 안에도 역시 지성소 안에 두 개의 그룹을 만들어 내부 장식으로 사용했을 뿐만 아니라 지성소 벽에나 문에도 그룹의 모습과 종려나무와 꽃 등으로 장식했던 듯하다.

2. 얼굴 둘에 날개 둘인 그룹

그룹 중에는 얼굴이 두 개인 동시에 날개도 두 개 있는 그룹들도 있다. 에스겔이 본 환상중 천년왕국의 성전 안에 장식으로 널판에 새겼던 그룹은 얼굴이 둘이라고 지적하면서 다음과 같이 말하고 있다.

"널판에는 그룹들과 종려나무를 새겼는데 두 그룹 사이에 종려나무 하나가 있으며 매 그룹에 두 얼굴이 있으니 하나는 사람의 얼굴이라 이편 종려나무를 향하였고 하나는 어린 사자의 얼굴이라 저편 종려나무를 향하였으며 온 전 사

면이 다 그러하여 땅에서부터 문통 위에까지 그룹들과 종
려나무들을 새겼으니 성전 벽이 다 그러하더라."(에스겔
41:18-20)

이렇게 천년왕국 시대에 건축될 성전에는 두 개의 얼굴 즉
사람의 얼굴과 어린 사자의 얼굴을 가진 그룹이 사겨질 것을
말하고 있는 것으로 보아 얼굴이 둘인 그룹들은 성소를 장식
하고 있는 존재로 하나님의 근위병과 같은 위치에 있었던 듯
하다. 따라서 법궤 위에 있는 하나님의 보좌관과 같은 위치에
있는 얼굴 하나짜리 그룹들보다는 낮은 지위에 있는 존재들이
다.

3. 얼굴 넷, 날개 넷, 손 넷의 그룹

가장 보편적이고 흔한 것은 얼굴 넷에 날개가 넷인 그룹이
다. 에스겔이 본 환상중에서는 제일 많이 언급된 그룹들로 사
람의 얼굴, 사자의 얼굴, 소의 얼굴 그리고 독수리의 얼굴을
가졌고 네개의 날개와 그 날개 밑에 사람의 손이 있는 그룹들
이다.

이 그룹들은 하나님의 근위병과 같은 위치에 있어서 하나님
께서 움직이실 때마다 호위하고 다니는 역할을 한다.

"내가 보니 북방에서부터 폭풍과 큰 구름이 오는데 그 속
에서 불이 번쩍 번쩍하여 빛이 그 사면에 비취며 그 불 가
운데 단쇠 같은 것이 나타나 보이고 그 속에서 네 생물의
형상이 나타나는데 그 모양이 이러하니 사람의 형상이라
각각 네 얼굴과 네 날개가 있고 그 다리는 곧고 그 발바닥
은 송아지 발바닥 같고 마광한 구리 같이 빛나며 그 사면

날개 밑에는 각각 사람의 손이 있더라. 그 네 생물의 얼굴
과 날개가 이러하니 날개는 다 서로 연하였으며 행할 때
에는 돌이키지 아니하고 일제히 앞으로 곧게 행하며 그 얼
굴들의 모양은 넷의 앞은 사람의 얼굴이요 넷의 우편은 사
자의 얼굴이요 넷의 좌편은 소의 얼굴이요 넷의 뒤는 독수
리의 얼굴이니 그 얼굴은 이러하며 그 날개는 들어 펴서
각기 둘씩 서로 연하였고 또 둘은 몸을 가리웠으며 신이
어느 편으로 가려면 그 생물들이 그대로 가되 돌이키지 아
니하고 일제히 앞으로 곧게 행하며 또 생물의 모양은 숯불
과 횃불 모양 같은데 그 불이 그 생물 사이에서 오르락 내
리락 하며 그 불은 광채가 있고 그 가운데서는 번개가 나
며 그 생물의 왕래가 번개 같이 빠르더라.”(에스겔
1:4-14)

이미 지적했던 대로 다니켄(Eric Von Daniken)은 그의
책 《신들의 수레(Chariots of Gods)》에서 이 에스겔이 보
았던 그룹늘을 타계의 존재들로 비행접시의 모습을 서술한 것
이라고 주장했다.”23)

에스겔 1장이나 기타 에스겔의 환상 가운데 나타난 그룹들
이 바퀴가 있다든지 얼굴을 돌리지 않은 채 일제히 동서남북
을 자유롭게 앞으로 간다는 등의 표현은 마치 비행접시 같은
기계를 서술하고 있는 인상을 주는 것은 사실이다. 영계의 존
재를 한 번도 보지 못했던 에스겔 앞에 그룹들이 나타났을
때 에스겔은 자신의 경험이나 자신이 가지고 있는 어휘를 총
동원해서 이 존재를 설명하려고 노력했던 것이 분명하다. 그
래서 그룹들이 하나님의 보좌를 보호하여 움직이는 모습을 서

---

23) Danikin, Chariots of Gods. Trans., pp. 37-44.

술할 때 마치 수레나 비행접시로 착각할 수 있는 상징적인 표현을 했던 것 같다.

그러나 좀더 내용을 자세히 읽어보면 역시 살아 움직일 뿐만 아니라 주위 환경에 민감하게 반응을 보이는 생물들임을 발견할 수 있다.

4. 얼굴 넷 날개 여섯의 그룹

얼굴 넷에 날개가 여섯 개 짜리의 그룹아 있는데 아마도 날개가 많으면 많을수록 그 지위가 낮은 계급인 것 같다. 에스겔서 1장에는 이 그룹들을 생물이라고 자주 언급했다.

에스겔서 1장 5절에 "그 속에서 네 생물의 형상이 나타나는데 …"라고 했고 그 외에도 구약성경에서 그룹을 항상 생물이라고 부르고 있다. 이 생물이라는 히브리어는 카요트(חיות)이다. 이것을 헬라어로 조아(ςῶv)라고 번역했는데 살아있는 것이라는 뜻이다.

요한이 계시중에 보았던 이 생물(ζῶον - 조온)(요한계시록 4:5-8)을 대부분의 학자들은 구약에 나타나는 그룹으로 해석하고 있다.

"보좌 앞에 수정과 같은 유리 바다가 있고 보좌 가운데와 보좌 주위에 네 생물이 있는데 앞뒤에 눈이 가득하더라. 그 첫째 생물은 사자 같고 그 둘째 생물은 송아지 같고 그 셋째 생물은 얼굴이 사람 같고 그 넷째 생물은 날아가는 독수리 같은데 네 생물이 각각 여섯 날개가 있고 그 안과 주위에 눈이 가득하더라…"(계시록 4:6-8)

"네 생물중에 하나가 세세에 계신 하나님의 진노를 가득히 담은 금대접 일곱을 그 일곱 천사에게 주니"(계시록 15:7)

요한계시록에서는 이 생물(조아)이 한 번도 그룹이라고 언급되지 않았기 때문에 이 존재에 대해서 신학자들간에 의견이 전혀 일치되지 않는다.

그뿐 아니라 개신교 신학에서는 영계론이 미개척 분야이기 때문에 이 생물에 대해서는 아마도 사도요한이 천국에서본 설명할 수 없는 영적인 실체들인 것 같다고만 설명해서 넘겨 버린다. 이 생물이라는 단어에 관해 어느 정도 혼돈을 빚을 수 있는 가능성을 준 또 다른 이유는 1611년에 제임스 왕의 명령에 의해 번역됐고 가장 중요한 영어판 번역으로 알려진 흠정역(Authorized Version)에 이 생물을 동물중의 하나로 착각할 수 있는 짐승(Beast)이라고 번역한 사실이다.

그러나 이미 지적한 대로 에스겔서에서 생물을 카요트(חיות)라고 부른 것을 헬라어로 조아라고 번역했고 계시록의 생물도 조아라고 번역했음을 보아 이 존재는 같은 존재인데 하나는 히브리어이고 하나는 헬라어인 차이만 있을 뿐 이 존재들이 전부 그룹들이라고 결론을 내리는 것이 옳다.

B. 그룹들의 기능

성경에 나타나는 그룹들의 기능을 종합적으로 살펴볼 때 이 존재들은 하나님의 통치기구에 밀접한 관계를 가지고 사역하는 존재들인 것 같다.

1. 그룹들의 사법적인 기능

첫째로 그룹들은 사법적인 기능을 가지고 있어서 타락한 아담과 하와를 에덴동산에서 쫓아냈을 뿐만 아니라 다시 돌아오지 못하도록 에덴동산을 지키는 역할을 했다. 이 문제에 관해 창세기 기자는 다음과 같이 지적하고 있다.

"여호와 하나님이 가라사대 보라 이 사람이 선악을 아는 일에 우리중 하나같이 되었으니 그가 그 손을 들어 생명나무 실과도 따먹고 영생할까 하노라 하시고 여호와 하나님이 에덴동산에서 그 사람을 내어 보내어 그의 근본된 토지를 갈게 하시니라 이같이 하나님이 그 사람을 쫓아 내시고 에덴동산 동편에 그룹들과 두루 도는 화염검을 두어 생명나무의 길을 지키게 하시니라." (창세기 3:22-24)

이상의 기록에 나타난 그룹들의 기능은 사법적인 기능이었다. 심판받아 쫓겨난 아담과 하와가 다시 에덴 동산으로 돌아와 생명나무의 과실을 먹고 영생하는 것을 방지하기 위하여 생명나무를 지키는 역할을 그룹들이 담당했다. 그룹들과 함께 "두루 도는 화염검"을 두어 생명나무를 지키게 했다고 말했는데 아마도 에덴 동산에 들어갈 수 있는 길은 동편에 있던 통로를 통해서만 가능했던 것 같고 이 동편 통로에 두루 도는 화염검을 든 그룹들이 지키고 있어 타락한 아담과 하와가 에덴동산에 들어오는 것을 방지했던 것 같다.

그룹들의 기능은 이 경우 하나님께서 결정하신 일을 시행하는 것이었다. 인간들은 하나님의 심판을 그대로 받아들이지 못하고 한번 범죄한 위에 또 범죄하여 자기들의 처한 상황을 더 악화시킬 가능성이 얼마든지 있다. 그래서 그룹들은 이렇게 더 악화되는 상태를 방지하기 위해 에덴동산을 감시하는 역할을 감당했다.

영생이 보장되었던 아담은 불순종함으로 타락한 후에 죽을 수밖에 없게 됐음을 알고 자연히 죽지 않고 영생하려는 욕망이 있었고 에덴동산에서 어느 때나 마음껏 따 먹을 수 있던 생명나무의 열매를 따먹고 영생하려는 노력을 할 것이었다. 그렇다면 아담과 하와가 생명나무의 열매를 따 먹기만 하면 영생할 수 있는 가능성이 있었는데도 하나님께서 이 생명나무의 열매를 따먹지 못하게 그룹들을 두어 감시해서 아담과 하와로하여금 죽을 수밖에 없도록 하신 것은 이중 삼중으로 처벌하신 지나친 처벌이 아닌가 하고 반문할 수 있다.

농장에서 말이나 개를 기르다가 불의의 사고로 이 짐승들이 눈을 잃어 앞을 보지 못하거나 혹은 부상을 당해 도저히 회복이 불가능할 때는 아무리 자기가 사랑하던 말이나 개였더라도 잠자는 주사약을 놓아서 편히 죽도록 해 준다. 죽지 않고 살아 있다고 해서 목장에 자유롭게 내놓아도 결국은 앞을 보지 못하는 고로 깊은 구렁에 **빠져** 다리가 부러지던지 아니면 사나운 짐승에게 물어뜯겨 오랫동안 고생을 하다가 죽게 되기 때문에 고통을 덜어주는 방법으로 빨리 잠을 재워 편히 죽게 하는 방법을 취하는 것이다.

똑같은 원리로 죄를 지어 결국은 죽을 수밖에 없는 불구가 된 인간이 죽지 않고 영생하는 것은 기쁜 일이라기보다는 괴롭고 불행스러운 일일 수밖에 없다. 차라리 죽도록 내버려 두신 후에 구원의 길을 마련하시어 육체는 죽어서 **흙으로** 돌아

가나 영혼이 구원을 받아 하나님에게로 갈 수 있는 길을 마련
하셨는데 이것이야 말로 하나님의 자비로우신 결정이었던 것
이다.

2. 하나님의 근위병

그룹들은 하나님의 근위병과 같은 위치에 있어 하나님의 보
좌를 옹위하여 보호할 뿐만 아니라 영화롭게 하는 위치에 있
다.

하나님의 명령대로 모세가 잠막을 지을 때 모세는 자기가
청사진을 그린 것이 아니라 하나님께서 직접 계시로 보여주신
대로 지었는데 이 때에 하나님께서 보여주신 그룹들에 관해
모세는 다음과 같이 말해주고 있다.

"그들은 조각목으로 궤를 짓되 장이 이 규빗 반, 광이 일
규빗 반, 고가 일 규빗 반이 되게 하고 너는 정금으로 그
것을 싸되 그 안팎을 싸고 윗 가로 돌아가며 금테를 두르
고 금고리 넷을 부어 만들어 그 네 발에 달되 이편에 두
고리요 저편에 두 고리며 조각목으로 채를 만들고 금으로
싸고 그 채를 궤 양편 고리에 꿰어서 궤를 메게 하며 채를
궤의 고리에 꿴대로 두고 빼어내지 말지며 내가 네게 줄
증거판을 궤 속에 둘지며 정금으로 속죄소를 만들되 장이
이 규빗 반, 광이 일 규빗 반이 되게 하고 금으로 그룹 둘
을 속죄소 두 끝에 쳐서 만들되 한 그룹은 이 끝에, 한 그
룹은 저 끝에 곧 속죄소 두 끝에 속죄소와 한 덩이로 연하
게 할지며 그룹들은 그 날개를 높이 펴서 그 날개로 속죄
소를 덮으며 그 얼굴을 서로 대하여 속죄소를 향하게 하고
속죄소를 궤 위에 얹고 내가 네게 줄 증거판을 궤 속에 넣

으라 거기서 내가 너와 만나고 속죄소 위 곧 증거궤 위에 있는 두 그룹 사이에서 내가 이스라엘 자손을 위하여 네게 명할 모든 일을 네게 이르리라. "(출애급기 25:10-22)

이상에 언급된 그룹은 속죄소의 일환으로 정금으로 만들어 법궤의 뚜껑 양쪽에 호위하는 자세를 취하고 있게 되어 있다. 그들의 날개를 펴서 "속죄소를 덮으며 그 얼굴은 서로 대하여 속죄소를 향하게" 만들어 놓았다. 속죄소는 언약의 법궤(민수기 10:33)의 위뚜껑에 해당하는데 이 뚜껑을 정금으로 씌웠을 뿐만 아니라 양편에 그룹들을 세웠고 그 중간지점은 "은총의 보좌"(Mercy Seat)라고 불리는 곳으로 이 곳이 하나님께서 (1)모세와 만나고 (2) 이스라엘 자손을 위한 계시를 주시는 장소로 지정됐다. 그뿐만 아니라 이곳이 바로 일년에 한 번씩 대 제사장이 유월절에 희생의 피를 뿌리는 곳이었고 이 뿌려진 피에 근거하여 이스라엘의 죄를 덮으시고 용서하시는 곳이었다. 원래 불기둥으로 또 구름기둥으로 나타나셔서 이스라엘을 인도하시던 하나님께서 장막이 완성된 뒤에는 이 속죄소 위 두 그룹 사이에 '영광의 구름'으로 존재하셨다. 이 영광의 구름은 "샤카이나"(שכינה)(출애급기 25:8, 40:35, 여호수아 22:19, 시편 74:2)라고 불리웠는데 "거주지"라는 뜻을 가진 단어로 하나님께서 이스라엘의 궁극적인 통치자로 이같은 영광의 구름의 모습으로 시은소 위에 상주하셨다.(에스겔 10:4-8, 18-19, 11:22-25)

이 "영광의 구름"은 유월절에 희생의 피를 뿌리기 위해 지성소에 들어가기 전에 피우는 향연(레위기 16:13)과는 완전히 구분되어야 한다. 대제사장이 지성소에 들어가기 전에 향연을 피우고 향연으로 가득한 지성소 안에 들어가도록 조처가 됐던 것은 죄 많은 인간이 하나님의 모습을 직접 보지 않도록 예방하기 위해서였던 것이다.

"영광의 구름"은 때때로 그 나타나는 모습을 서술할 때 그냥 "구름"으로 표현되기도 했다.

"성소의 장안 법궤 위 속죄소 앞에 무시로 들어오지 말아서 사망을 면하라 내가 구름 가운데서 속죄소 위에 나타남이니라."(레위기 16:2b)

열왕기 상에서는 "캄캄한데"라고 번역하기도 했는데

"그 때에 솔로몬이 가로되 여호와께서 캄캄한 데 계시겠다 말씀 하셨사오나 내가 참으로 주를 위하여 계실 전을 건축하였사오니 주께서 영원히 거하실 처소로소이다."(열왕기 상 8:12-13)

라고 했다. 이같은 서술로 보아 영광의 구름은 투명해서 관통하여 볼 수 있는 엷은 구름이 아니라 그 뒤가 보이지 않는 빽빽한 구름과 같은 형체를 가지고 있었던 것 같다.

한 덩어리의 순금을 펴서 법궤를 싸면서 그 위에 순금으로 두 그룹들을 만들어 양편에 세웠는데 날개를 펴서 서로 날개가 맞닿을 것같이 되었고 얼굴은 희생의 피가 뿌려진 속죄소를 바라보는 모습으로 있었다.

이러한 그룹들의 자세는 하나님의 나타나시는 모습을 바라보고 있는 것이 아니라 고개를 숙이어 하나님 앞에서 겸손한 태도를 취하는 자세이다. 그뿐 아니라 날개를 펴서 하나님의 보좌를 보호하는 자세를 취하고 또 날개 끝과 날개 끝이 마주 닿는 지점을 형성하여 빽빽한 향연으로 채워져 위치를 분간하기 힘들 때 반짝이는 금으로 만들어진 두 그룹의 날개를 목표로 대제사장이 정확하게 피를 뿌릴 수 있는 위치를 제시하는 역할도 담당하고 있었다.

성소와 지성소를 구분하는 휘장 안쪽에도 이 그룹들의 모양을 수를 놓아 장식했다.

"너는 청색 자색 홍색 실과 가늘게 꼰 베실로 짜서 장을 만들고 그 위에 그룹들을 공교히 수 놓아서 금 갈고리로 네 기둥 위에 드리우되 그 네 기둥을 조각목으로 만들고 금으로 싸서 네 은바침 위에 둘찌며 그 장을 갈고리 아래 드리운 후에 증거궤를 그 장 안에 들여 놓으라 그 장이 너를 위하여 성소와 지성소를 구별하리라."(출애급기 26:31-33)

뿐만 아니라 후에 솔로몬이 성전을 건축했을 때는 안 벽에도 그룹들을 새겨 장식했었다.

"또 금으로 전과 그 들보와 문지방과 벽과 문짝에 입히고 벽에 그룹들을 아로새겼더라. 또 지성소를 지었으니 전 넓이대로 장이 이십규빗이요 광도 이십규빗이라 정금 육백 달란트로 입혔으니 못 증수가 오십금 세겔이요 다락들도 금으로 입혔더라. 지성소 안에 두 그룹의 형상을 새겨 만들어 금으로 입혔으니 두 그룹의 날개 길이가 모두 이십 규빗이라 좌편 그룹의 한 날개는 다섯 규빗이니 전 벽에 닿았고 그 한 날개도 다섯 규빗이니 우편 그룹의 날개에 닿았으며 우편 그룹의 한 날개도 다섯 규빗이니 전 벽에

닿았고 그 한 날개도 다섯 규빗이니 좌편 그룹의 날개에
닿았으니 이 두 그룹의 편 날개가 모두 이십규빗이라 그
얼굴을 외소로 향하고 서 있으며 청색 자색 홍색실과 고운
베로 문장을 짓고 그 위에 그룹의 형상을 수 놓았더라.”
(역대하 3:7-14)

이렇게 지성소의 휘장 내부나 지성소 벽에 그룹들의 모습을
장식했던 것은 법궤 위에 안치됐던 그룹들의 모습을 모방했던
것 같고 그룹들은 하나님의 보좌는 물론 지성소를 보호하는
호위병과 같이 취급했던 결과였다.

무소부재하시이 우주 안에 편재하신다는 히니님께서 왜 하
필 속죄소에 영광의 구름의 모습으로 나타내 보이셔야 했는
가? 그럴 뿐만 아니라 전지 전능하신 하나님께서 왜 그룹들의
호위나 보호를 받으셔야 하는가? 하는 의문들이 쏟아져나오
게 된다.

속죄소에 영광의 구름으로 나타나셨던 사실은 하나님의 편
재성과 상반되는 개념이 아니라 상호 보충적인 관계에 있는
상태였다. 하나님은 원칙상 계시지 않으신 곳이 없으셔서 어
디나 계시지만 모세의 성약(출애굽기 19:20)을 통해 이스라
엘을 직접 통치하시게 돼셨을 때 눈으로 보고 귀로 듣고도 믿
지 못하여 항상 문제를 일으켰던 이스라엘 백성들을 위하여
출애굽 당시에 불기둥과 구름기둥으로 나타나셔서 저들을 인
도하셨다. 뿐만 아니라 장막이 완성되었을 때에도 처음에는
장막 위에 누구나 볼 수 있는 모습의 불기둥 또는 구름기둥으
로 나타나시다가 후에는 장막 안 속죄소 위에 영광의 구름으
로 나타나셨다. 이렇게 지성소의 속죄소 안에 나타나셨을 때

다른 곳에는 하나님께서 계시지 않았던 것이 아니라 다른 곳에도 어디에나 항상 계셨음을 인정해야 한다. 통치 관계를 형성한 이스라엘 백성들을 위해 특별히 장막의 지성소 안 법궤 위에 영광의 구름으로 나타나셨던 것은 사실이나 동시에 우주 전체 어디에나 계시는 하나님이시다.

한편 하나님에게도 부족한 것이 있으셔서 신변 보호자로 그룹들이 필요했던 것이 아니다. 하나님께서 그룹들을 그의 호위자들로 쓰시는 것은 사람들이 언어나 시각 또는 청각의 기능을 통해서만 이해하고 인식할 수 있기 때문이다. 즉 하나님께서 인간들이 알아듣고 순종하도록 계시하시기 위해서는 계시를 받는 자가 이해할 수 있도록 보여주실 수밖에 없었다. 따라서 우주 만물의 통치자이신 하나님께서 나타나실 때 하나님의 존엄성과 위력을 계시하시는 방법으로 그룹들을 사용하셨던 것이다.

그룹들은 하나님의 보좌를 보호하는 외에 하나님께서 눈에 보이는 모습으로 옮기실 때 그 움직이심에 직접 관련된 존재들이다. 하나님께서 위치를 변화하시는 사실에 관해서 시편 기자는 "그 코에서 연기가 오르고 입에서 불이 나와 사름이여 그 불에 숯이 피었도다. 저가 또 하늘을 드리우시고 강림하시니 그 발 아래는 어둑캄캄하도다. 그룹을 타고 날으심이여 바람 날개로 높이 뜨셨도다."(시편 18:8-10)라고 표현했다.

이 시는 사무엘하 22장 9-11절에도 인용이 되었는데 "하나님께서 그룹을 타고 날으심이여…"라고 표현됐다.

에스겔이 본 환상 가운데도 하나님께서 자리를 옮기시는 모습을 서술할 때 그룹을 타시고 옮기시는 것으로 서술했다.

"이에 내가 보니 그룹들 머리 위 궁창에 남보석 같은 것이 나타나는데 보좌 형상 같더라. 하나님이 가는 베옷 입은 사람에게 일러 가라사대 너는 그룹 밑 바퀴 사이로 들어가서 그 속에서 숯불을 두 손에 가득히 움켜 가지고 성읍 위에 흩으라 하시매 그가 내 목전에 들어가더라 그 사람이 들어갈 때에 그룹들은 성전 우편에 섰고 구름은 안 뜰에 가득하며 여호와의 영광이 그룹에서 올라 성전 문지방에 임하니 구름이 성전에 가득하며 여호와의 영화로운 광채가 뜰에 가득하였고 그룹들의 날개 소리는 바깥 뜰까지 들리는데 전능하신 하나님의 말씀하시는 음성 같더라. 하나님이 가는 베옷 입은 자에게 명하시기를 바퀴 사이 곧 그룹들 사이에서 불을 취하라 하셨으므로 그가 들어가 바퀴 옆에 서매 한 그룹이 그룹들 사이에서 손을 내밀어 그 그룹들 사이에 있는 불을 취하여 가는 베옷 입은 자의 손에 주매 그가 받아 가지고 나가는데 그룹들의 날개 밑에 사람의 손 같은 것이 나타났더라."(에스겔 10:1-8)

"그룹들이 올라가니 그들은 내기 그발강 기에서 보던 생물이라 그룹들이 행할 때에는 바퀴도 그 곁에서 행하고 그룹들이 날개를 들고 땅에서 올라가려 할 때에도 바퀴가 그 곁을 떠나지 아니하며 그들이 서면 이들도 서고 그들이 올라가면 이들도 함께 올라가니 이는 생물의 신이 바퀴 가운데 있음이더라. 여호와의 영광이 성전 문지방을 떠나서 그룹들 위에 머무르니 그룹들이 날개를 들고 내 목전에 땅에서 올라가는데 그들이 나갈 때에 바퀴도 그 곁에서 함께 하더라. 그들이 여호와의 전으로 들어가는 동문에 머물고 이스라엘 하나님의 영광이 그 위에 덮였더라. 그것은 내가 그발강가에서 본바 이스라엘 하나님의 아래 있던 생물이라 그들이 그룹들인 줄을 내가 아니라 각기 네 얼굴과 네 날개가 있으며 날개 밑에는 사람의 손 형상이 있으니 그 얼굴의 형상은 내가 그발강 가에서 보던 얼굴이며 그 모양 과 몸뚱이도 그러하며 각기 곧게 앞으로 행하더라.”(에스 겔 10:15-22)

에스겔이 당면했던 신학적인 문제는 모세의 성약으로 형성 됐던 이스라엘 백성들이 유다의 멸망으로 완전히 그 명맥을 잃게 됐을 뿐만 아니라 예루살렘이 바벨론 사람들에게 점령됐 고 성전 기물은 약탈당했으며 법궤는 잠적했고 모세 이래 약 천여년간 계속되어 왔던 성전 예배는 물거품처럼 사라져 버렸 을 뿐만 아니라 제사장직을 감당하여 하나님께 드리는 예배를 주관했어야 할 에스겔 자신도 포로로 잡혀와 그발강가에 있는 포로수용소에 수용된 신세가 된 사실이었다. 만약 하나님께 서 살아 계시다면 또 전지전능하신 분이시라면 어떻게 그 하 나님께서 그의 도성, 그의 보좌가 안치되어 있는 성전조차 보 호하실 힘이 없으셨던가 하는 것이 젊은 에스겔에게는 해결할 수 없는 문제로 가슴이 탔던 것이었다.

아직 어려서 성전 내의 부패함을 알지 못했고 유다 백성들 의 부패상을 보거나 거기에 물들 기회가 전혀 없었던 에스겔 에게 있어서는 당연한 의심이요 반드시 해결되지 않으면 안될 중요한 신학적인 문제였던 것 같다. 이러한 의문을 가지고 고 심하는 에스겔에게 하나님께서 해답을 해주실 필요를 느끼셔 서 에스겔에게 환상으로 대답을 해 주셨다.

에스겔에게 보여주신 환상의 초반부부터 많은 그룹들이 동원되었고 이 그룹들이 매우 중요한 위치를 차지하고 있었던 이유는 에스겔의 의심을 제거하기 위해서였던 것 같다.

하나님은 아브라함과 이삭과 야곱에게 나타나셨고 모세에게 나타나셨던 것처럼 아직도 살아계실 뿐만 아니라 영광과 능력을 가지신 분이셔서 그룹들을 호위병으로 데리고 다니시는 분이심을 과시하셨다. 이렇게 하나님께서는 자신의 영광과 능력을 과시하시는 한편 에스겔을 예루살렘 성전으로 데리고 가셔서 유다 백성들의 우상숭배하는 모습도 보이셨다. 뿐만 아니라 우상숭배가 자행되는 성전에 더 이상 계실 수 없으셨던 사실을 보이신 후에 우상숭배와 유대인들의 범죄로 인해 모독되고 더러워진 성전을 떠나셔서 하늘로 승천해 버리시는 모습도 자세히 보이셨다.

우선 하나님께서 지성소를 떠나 성전 문지방에 일단 머무셨다가 예루살렘의 동편 문을 거쳐 동편 산 즉 감람산으로 나가시는 모습을 보여주셨는데 이렇게 하나님께서 움직이실 때에 그룹들이 직접 관련되어 모든 일을 처리해드리고 보좌해 드리는 모습을 보여주고 있다. 하나님은 영이셔서 시간이나 공간의 제한을 받지 않으시는 분이신데 구태여 그룹들을 쓰셔서 옮기셔야 할 필요가 있으셨는가 하는 문제가 다시 생긴다.

이미 지적했던 것처럼 에스겔서는 바벨론 포로로 잡혀가 그발강가에 설치됐던 포로 수용소에서 생활하던 유다백성들을 배경으로 주어졌던 계시임을 상기할 필요가 있다. 포로수용소에 갇혀 있는 상태에서 이스라엘 백성들이 끊임 없이 한 질문은 하나님이 아직도 살아계시는가? 살아계시다면 왜 우리 유대 민족을 이렇게 이방인들의 포로로 잡혀오도록 하셨는가? 이스라엘의 하나님은 앗수리아인들의 신들이나 바벨론인들의 신에 비해 약한 존재이셨던가? 만일 그렇지 않다면 왜 아브라함의 자손이 이렇게 처참하게 외국인들의 포로로 잡혀와 비참한 포로생활을 할 수밖에 없는가? 하는 등의 문제가 유대 포로민들의 의식을 지배하고 있는 생각들이었다.

따라서 이같은 유대의 포로민들로 하여금 여호와 하나님이 바벨론 사람들의 신에게 견디지 못해서 유다를 보호하지 못했던 것도 아니요 하나님께서 아브라함이나 모세에게 약속했던 약속을 지키실 능력이 없어서 유다가 포로로 잡혀 오도록 버려두신 것이 아님을 분명히 보이실 필요가 있었다.

이 때 대부분의 유대 백성들은 형이상학적인 개념이나 추상적인 이론을 이해할 수 있는 능력이 없었고 실제적이고 현실적인 설명을 하지 않으면 알아듣지 못하는 상황이었다. 이러한 상황에서 하나님은 살아계시며 능력과 영광의 주시며 우주 만민의 역사를 주관하고 계신 분이시나 이스라엘이 그랬던 것처럼 유다도 범죄하고 회개하지 않은 까닭에 유대백성들을 버리실 수밖에 없었고 하나님께서 이스라엘 중에 임재하시던 상태를 정리하시고 거두어 버리셨다는 사실을 정확하게 지적해 주셔야 할 필요가 있었다.

에스겔이 본 계시중 1장에서부터 시작해서 11장까지에 기록된 내용을 간추릴 때 가장 중요한 신학적인 사실은 (1) 하나님은 살아 계실 뿐만 아니라 영광과 능력의 주시오 영계의 존재들 중 특히 그룹들의 호의를 받고 계시다는 사실과, (2) 하나님은 예루살렘 성전의 법궤 위 속죄소에만 좌정하여 계신 것이 아니라 그발강 가 포로수용소에 나타나실 수 있는 우주의 통치자이신 동시에, (3) 죄를 짓고 회개치 않는 유대백성들 중에 계속해서 머물어 계실 수 없으신 까닭에 예루살렘 성전을 버리고 떠나셨음을 설명하고 있다.

특히 출애굽 이래 약 1000여년 동안 지성소 안의 속죄소에 눈으로 볼 수 있는 "영광의 구름"의 모습으로 계셨던 하나님께서 이제는 더 이상 예루살렘 성전에 "영광의 구름"의 모습으로 계시지 않으시다는 사실을 설명하기 위해 그룹들에게 옹위되어 성전을 떠나버리시는 모습을 명확하게 보이실 필요가 있었다. 이러한 지역상의 변화는 편재하신 하나님께서 지성소 내의 시은소에 특별히 영광의 구름으로 나타나 보이셨던 사실과 관련하여 이제 이후로는 예루살렘 성전에 눈에 보이는 모습으로 는 계시지 않으실 것이고 이스라엘 백성들도 하나님의 직접 통치에 수반되는 보호에 더 이상 의존할 수 없다는 사실을 명확히 밝히시는 행위였다.

그룹들은 또한 거룩하신 하나님과 속된 인간들 사이를 분리하는 역할도 담당하고 있다. 성소와 지성소를 분리하던 휘장은 이스라엘과 하나님 사이를 분리하는 것이었다. 이같이 휘장에 그룹을 수를 놓아 장식했던 것은(출애굽기 26:31, 36:35) 그룹들은 사람들이 하나님의 영광스러운 모습에 휘말려들어 불경죄를 범하는 것을 방지하는 역할을 담당했던 것이다. 에스겔의 환상 가운데 나타났던 그룹들이 인간의 참여는 말할 것도 없고 접근조차 허용치 않는 두려운 모습으로 나타났던 것은 하나님의 위엄과 영광을 시위하는 동시에 한편으로는 타락한 아담의 자손들이 감히 하나님에게 접근치 못하도록 분리하는 역할을 했던 것이다.

3. 그룹들은 하나님과 그리스도를 예배하고 찬양하는 존재들이다.

요한계시록에 나오는 생물(계시록 4:6, 15:7)의 정체에 관해서는 이론이 구구한 것이 사실이다. 그러나 서술된 모습이나 생물이라는 호칭에 근거해서 볼 때 에스겔서에 나오는 그룹과 같은 존재로 보는 경향이 많다.

요한은 자신이 본 그룹들의 모습과 활동에 관해 다음과 같이 지적했다.

"보좌 앞에 수정과 같은 유리 바다가 있고 보좌 가운데와 보좌 주위에 네 생물이 있는데 앞 뒤에 눈이 가득하더라. 그 첫째 생물은 사자 같고 그 두째 생물은 송아지 같고 그 셋째 생물은 얼굴이 사람 같고 그 넷째 생물은 날아가는 독수리 같은데 네 생물이 각각 여섯 날개가 있고 그 안과 주위에 눈이 가득하더라. 그들이 밤낮 쉬지 않고 이르기를 거룩하다 거룩하다 주 하나님 곧 전능하신 이여 전에도 계셨고 이제도 계시고 장차 오실 자라 하고 그 생물들이 영광과 존귀와 감사를 보좌에 앉으사 세세토록 사시는 이에게 돌릴 때에 이십사 장로들이 보좌에 앉으신 이 앞에 엎드려 세세토록 사시는 이에게 경배하고 자기의 면류관을

보좌 앞에 던지며 가로되 우리 주 하나님이여 영광과 존귀
와 능력을 받으시는 것이 합당하오니 주께서 만물을 지으
신지라 만물이 주의 뜻대로 있었고 또 지으심을 받았나이
다 하더라. "(요한계시록 4:6-11)

이상의 인용문이 보이는 것은 여기에 나오는 생물들은 에스
겔서에 나오는 그룹들과 비슷한 모양을 하고 있어 각기 다른
네 얼굴을 가졌었다. 주석가들은 사자 같은 얼굴은 위력과 통
치권을 상징하고 송아지 같은 얼굴은 봉사와 충성을 상징하며
사람 같은 얼굴은 지혜와 재능을 상징한다고 하며 마지막으로
독수리의 모습은 민첩함과 기상을 상징한다고 주장했다.

이 존재들의 특징은 날개가 네개가 아니라 여섯개인 점이
다. 날개에 눈 같이 보이는 반점이 많이 있었던 것을 눈이 가
득히 있는 것으로 서술한 것 같은데 이 존재들은 이십사 장로
들에 선행하여 (1) 하나님의 거룩하심과 (2) 전능하심 및
(3) 영원히 존재하시는 이로 장차 재림하실 분 이심을 쉬지
않고 계속해서 선포하고 있다고 지적했다.

그룹들의 정체에 관해서 성경에 별로 자세한 기록이 없는
까닭에 정확한 이론을 전개하기는 힘들지만 그룹중 가장 높은
계급에 속했던 얼굴 하나에 날개 두 개짜리 계급에 속했던 빛
나는 자(루시퍼 혹은 계명성)라고 불리던 그룹은 타락하여 사
탄이 된 사실만은 명확하게 밝혀지고 있다.

에스겔의 이론에 의하면 이 존재는 그룹들 중에서도 기름부
음을 받았던 특별한 그룹이었다. (에스겔 28:14)영계의 존재
중 기름부음을 받았던 존재는 이 그룹 뿐인데 아마도 그룹중

에 가장 높은 지위를 가지고 있어 영계의 존재들 중 지도자로 군림했었던 것 같다. 뿐만 아니라 하나님의 창조 능력의 결정품으로 가장 아름답고 가장 지혜롭게 창조되었던 존재였다. (에스겔 28:12) 이같은 상황에서 이 존재가 타락한 것은 아름다움으로 마음이 교만하였으며…" "영화로움으로 …지혜를 더럽혔다"고 지적했다.(에스겔 28:17)24)

이렇게 타락하여 사탄이 된 기름부음을 받았던 그룹 이 외에 모든 그룹들은 본래의 위치를 지켰고 현재 천국에서 하나님의 사역에 참여하고 있는 것 같다.

  II. 스 랍

영계의 존재중 스랍이 언급된 것은 이사야서 6장 뿐이다. 그러나 스랍은 천사도 아니고 그룹도 아니고 별개의 존재이다. 물론 많은 사람들이 영계의 존재늘을 선택함을 받은 선한 천사와 타락한 악한 천사로만 구분하는 경향이 있다. 딕카슨(Dickason)의 책에도 선택받은 선한 천사와 악한 천사(Angels: Elect and Evil)로만 구분하고 있다. 창세기 1장 1절로 부터 요한계시록 22장 21절까지 성경 전체의 모든 단어 하나 하나가 영감된 것이라고 믿는(축자 영감설) 사람들은 성경에서 구룹이라고 한 것은 구룹이고 천사라고 한 것은 천사로 그리고 스랍이라고 한 것은 스랍으로 믿지 이 영계의 존재들을 다 싸 잡아서 선한 천사와 악한 천사의 두 종류로 만 구분하지 않는다. 따라서 스랍도 다른 영계의 존재들과 구분

---

24) 김호식, 사탄 그는 건재하다 (서울: 요단 출판사 1995) pp. 70-80.

해서 취급할 필요가 있다.

스랍들은 주로 하나님을 찬송하는 존재들이다.

"웃시야 왕의 죽던 해에 내가 본즉 주께서 높이 들린 보좌
에 앉으셨는데 그 옷자락은 성전에 가득하였고 스랍들은
모셔 섰는데 각기 여섯 날개가 있어 그 둘로는 그 얼굴을
가리었고 그 둘로는 그 발을 가리었고 그 둘로는 날며 서
로 창화하여 가로되 거룩하다 거룩하다 거룩하다 만군의
여호와여 그 영광이 온 땅에 충만하도다 이같이 창화 하는
자의 소리로 인하여 문지방의 터가 요동하며 집에 연기가
충만한지라 그 때에 내가 말하되 화로다 나여 망하게 되
었도다. 나는 입술이 부정한 사람이요 입술이 부정한 백성
중에 거하면서 만군의 여호와이신 왕을 뵈었음이로다. 때
에 그 스랍의 하나가 화저로 단에서 취한 바 핀 숯을 손에
가지고 내게로 날아와서 그것을 내 입에 대며 가로되 보라
이것이 네 입에 닿았으니 네 악이 제하여 졌고 네 죄가 사
하여졌느니라 하더라."(이사야 6:1-8)

스랍들의 모습에 관해서는 사람과 비슷한 체구를 가지고 있
음을 암시하고 있는데 얼굴 하나에 여섯 개의 날개를 가진 존
재로 하나님의 보좌 주변에 하나님을 옹위하여 섰다고 기록됐
다. 여섯 날개 중에 날개 둘로는 얼굴을 가리고 둘로는 자신
의 몸을 가렸으며 나머지 둘로는 날아다녔다고 기록했다. 이
문제에 관해 오흐러(Oehler)는 "저들이 나타난 모습은 간단
하다 두 날개로 저들은 얼굴을 가리웠는데 이는 가장 높은 계
급의 영적인 존재라 할지라도 하나님의 영광의 모습을 전면적
으로 바라볼 수 없음을 보이고 있고 다른 두 날개로는 저들의

발을 가리고 있는데 이는 그들의 존경하는 태도를 드러내고 있으며 나머지 두 날개로는 날으고 있다고 했는데 이는 저들이 하나님의 명령을 수행함에 있어 민첩함을 드러낸다."25)고 설명했다.

스랍들에게 "발"이 있어서 날개로 발을 가리었다고 명시된 사실은 아이크라드(Walther Eichrodt) 등이 스랍을 애급이나 바벨론의 날으는 뱀신에서 유래된 존재라고 주장하는 이론을 정면으로 부인하는 사실이다.26) 일반적으로 뱀은 발이 있는 것이 아니라 꼬리가 있다. 그러나 선지자 이사야가 보았던 스랍은 "화저로 단에서 취한 바 핀 숯을 손에 가지고…"라고 서술한 것으로 보아 거의 사람과 비슷한 체형을 가진 존재로 손이 있어 화저를 쓸 수 있고 발이 있어 하나님의 보좌를 모시고 서 있는 것으로 서술됐다.

스랍들은 주로 하나님을 찬양하는 역할을 담당했던 것 같다. 이들은 서로 창화하여 하나님의 거룩하심을 노래했는데 그 소리가 웅장하여 성전 문지방의 터가 요동할 정도였다고 기록돼 있다. 이러한 사실에 입각하여 딕카슨은 "스라빔은 천사의 한 형태로 하나님께 에배드리는 일에 있어 제사장과 같은 역할을 수행한다"고 했으며 아이크라드(Walther Eichrodt)는 "저들의 목적은 여호와의 거룩하심과 도덕적 초월성을 보이는 것이었다."27)고 지적했다.

---

25) Gustave Friedrich Oehler, Theology of the Old Testament. Trans, George E. Day. (Grand Rapids: Zondervan Publishing House. 1883). pp. 44.

26) Walther Eichrodt, Theology of Old Testament. 2 vols. Trans., J. Baker, (Philadelphia: Westminster Press., 1967) vol.2, pp. 202-203.

이사야서에 기록된 스랍과 다른 구약성경에 언급된 그룹들의 역할을 비교할 때 그룹들은 하나님의 보좌를 수호하고 그의 움직임이나 하나님의 심판의 계획을 수행하는 등 정치적인 문제를 실행하는 사역자들인 것에 비해 스랍들은 하나님을 찬송하는 사역을 하는데 그 외에도 부르심을 받은 자들을 성결케 해서 하나님의 사역에 동참할 수 있도록 죄과와 죄를 씻어주는 역할을 하는 역사를 하고 있다. 이사야 6장 5절 이하에 보면 이사야가 여호와의 영광을 보고 "화로다 내가 망하게 되었다"고 탄식할 때 스랍의 하나가 화저로 단에서 핀 숯을 가지고 날아와서 이사야의 입에 대고 "보라 이것이 네 입에 닿았으니 네 악이 제하여졌고 네 죄가 사하여졌느니라"고 말함으로 이사야가 나가서 하나님의 말씀을 선포할 준비를 시켜주었다. 오늘도 참으로 하나님의 부르심을 받은 종이면 그 자신이 감정적으로 느꼈든 느끼지 못했든간에 스랍이 벌써 죄과를 제거했고 죄를 도말해 주어 성결케 하셨으므로 효과적으로 주님의 말씀을 증거할 수 있도록 입술을 정결케 준비해 주셨다고 볼 수 있다.

그러나 스랍이 정결케 해 주었다고 해서 갑자기 목회에 성공을 해서 몇 만명씩 모이는 대형 교회를 이루리라고 생각하면 잘못이다. 바로 그 뒤를 이어 이사야서 6장 9절 이하에 보면 "여호와께서 가라사대 가서 이 백성에게 이르기를 너희가 듣기는 들어도 깨닫지 못할 것이요 보기는 보아도 알지 못하

---

27) 2Ibid.

리라 하여 이 백성의 마음으로 둔하게 하며 그 귀가 막히고 눈이 감기게 하라 염려컨대 그들이 눈으로 보고 귀로 듣고 마음으로 깨닫고 다시 돌아와서 고침을 받을까 하노라."고 말씀하심으로 이스라엘 백성들이 회개하고 다시 돌아오지 못하도록 그들의 귀를 막고 눈을 감기게 하라고 하셨다. 설교하는 목적이 듣고 회개하고 하나님께 돌아오도록 하는 것이 아니라 오히려 회개하고 하나님에게 돌아오지 못하게 하기 위해서라면 왜 말씀을 전하라고 하셨는가?

사람들이 완악해지고 불순종함으로 죄악이 관영해지면 하나님께서 선지자들을 일으키시고 설교자들을 보내시고 교회를 개척해서 설교를 하게 하시는데 그것이 회개하고 돌아와서 하나님을 믿게 하기 위해서가 아니라 말씀을 듣고 거절해서 심판 받을 때 변명의 여지가 없게 하기 위해서이다. 따라서 사람이 많이 모이게 하는 것이 참된 목회자가 아니다. 참으로 설교를 잘하는 사람은 하나님의 말씀을 정직하게 액면 그대로 전달하는 사람이다. 그러면 더러는 회개해서 하나님께 돌아오고 더러는 마음이 더 강퍅해져서 심판을 받게 된다.

구약에서 이사야나 에레미야에 비교할 선지자가 없었는데 이사야의 가장 중요한 사명이 부패한 백성들 중에 나가서 말씀을 증거해서 사람들이 믿지 않게 하는 것이었다. 그래서 나중에 하나님의 심판을 받을 때 듣지 못해서 몰랐습니다라는 핑계하지 못하게 하기 위해 가서 말씀을 전하라고 하셨던 것이다. 그렇다면 스랍들의 활동에 관한 언급이 훨씬 더 많이 있어야 하지 않겠느냐는 질문이 나올 수 있다.

천국과 하나님의 모습을 서술할 때 영광 가운데 싸여 계신 하나님의 모습이나 하나님의 보좌를 중심으로 만물들이 드리는 예배 행위는 너무나 당연하고 자연스러운 일이다. 특히 스랍들의 사역은 주로 하나님의 보좌를 중심으로 일어났던 일이요 이 지구나 인간들의 관계에 있어서는 오히려 그룹들이나 천사들이 관련됐을 뿐 스랍들이 관련되는 예는 드물었던 것 같다. 하나님께서 인간들과 상종하실 때는 물론 특별한 사유가 있는 때였고 성취해야 할 목적이 있었던 때였다. 따라서 그룹이나 천사들이 자주 관련되었던 것은 당연했다.

반면에 스랍들의 예배 행위는 하나님의 보좌를 목격했을 때 으레 있는 일이었고 또한 당연한 사실이어서 특별히 관심을 끌거나 별도로 서술해야 될 필요를 느끼지 않은 사건이었던 것 같다. 따라서 구약성경에 그룹들이나 천사들의 활동에 관한 것은 여러 번 자세히 기록됐으나 스랍들의 역할에 관한 것은 하나님의 보좌를 직접 목격했던 이사야만이 기록하고 있다고 지적할 수 있다.

스랍들이 찬회히는 가운데 보좌에 앉으신 하나님을 목격했던 이사야는 즉시 자신이 부족한 죄인이어서 죽임을 받을 수밖에 없는 존재인 것을 고백했다. 하나님께서 이사야로 하여금 하나님의 보좌를 목격하도록 허용하셨던 이유는 이사야에게 귀중한 사명을 주시려는 중요한 목적이 있어서였다. 따라서 부족한 것을 느끼어 죽게 됐음을 인정하는 이사야에게 스랍중 하나가 나타나서 문제를 해결해 주었다. 아마도 예루살렘 성전의 지성소 앞에 있던 향단의 원형은 하나님의 보좌 앞에 있었던 향단이었던 것 같고 이 향단에는 불이 붙은 물체가 늘 있었던 것 같은데 한 스랍이 화저로 핀 숯을 취해서 이사야

에게 접근하여 그의 입에 대어 선지자 이사야의 악을 제거해
주고 죄를 사해주는 작업을 했다

이같은 사실에 착안하여 딕카슨은 스랍들의 활동에 관해 다
음과 같이 지적했다. "스라빔은 사람이 하나님을 섬기기 전에
도덕적인 죄로 물든 상태에서 정화함을 받아야 한다는 사실을
선포함으로 하나님의 거룩하심을 드러낸다. 이사야가 자신의
부정함을 고백했을 때(레위기 13장 45절에 기록된 대로 문둥
병자가 자신의 부정함을 고백하는 행위를 상기하게 하는) 스
랍중의 하나가 날아와서 불붙는 숯불을 여호와 하나님 가까이
에 있는 향단에서 취하여 이사야의 입에 댐으로 이사야의 죄
를 정결케 했다.(이사야 6:6-7).

이같은 행위는 결례를 행하는 상징적인 것이었으나 정결케
하는 예는 실제였다. 즉 하나님을 섬기는 제사장들이 그들의
사역을 감당하기 전에 먼저 자기 자신들을 정결케 하는 결례
를 행했던 것처럼 믿는 자들이 하나님께 봉사하기 위해서는
하나님께서 요구하시는 척도에 맞아야 할 것을 의미한다. 정
결케 된 이사야는 그의 입을 통해 사람에게 주시는 하나님의
메시지를 전달할 수 있게 되었다."28)

이유는 여하간에 이미 지적한 것처럼 스랍에 관한 기사는
이사야서에만 나타난다. 그것도 6장에만 간단하게 언급되었
다. 따라서 학자들 중에는 구약성경중 "권세있는 자"(시편
78:25)또는 "천사"를 스랍으로 해석해야 한다고 주장하는
학자가 있는 반면 에스겔서 9장에 언급되 있는 심판의 일곱
천사도 스랍으로 해석해야 된다고 주장하는 학자들이 가끔 있

---

28) Dickason, op., cit., p. 66.

는 것이 사실이다.

그러나 스랍이라고 명확하게 지칭한 존재는 이사야서 이외에서는 찾아볼 수 없고 다른 성구를 스랍으로 해석하는 것은 불충분한 자료를 가지고 상상과 추측을 하는 것에 불과하다.

제 4 장
천 사

천사는 성경에서 그룹이나 스랍보다 훨씬 자주 언급된 존재
일 뿐만 아니라 영계의 존재들 중에서는 제일 하위의 존재로
문자 그대로 심부름꾼들이어서 무슨일이든지 하나님께서 명
히실 때 신행한다. 대부분의 학자들이 그룹이나 스랍을 영계
의 독자적인 존재로 구분하지 않고 전부 천사들 중의 하나로
취급하는 경우가 많은 것도 사실이다. 특별히 로마 카톨릭에
서 그룹이나 스랍들을 전부 다 천사들 중에 한 계급으로 취급
했다. 그러나 그룹과 스랍을 천사로부터 구분해서 취급해야
하고 그렇게 구분하는 데는 충분한 성서적인 이유가 있다.

딕카슨의 이론에 의하면 천사는 성경 66권중 그 과반수인
34권에 언급됐다. 구약성경중 17권에 또 신약성경중 17권에
천사들이 언급되 있는데 구약성경에 108번 신약성경에는

165번 도합 273번 언급되었다.[1]

성경에 이렇게 여러 번 언급된 존재가 별로 없을 뿐만 아니라 많은 책에 꾸준하게 언급되었다는 사실은 천사들의 역할이 하나님 섭리의 실현에 있어 중요한 위치를 차지하고 있음을 보여주고 있다. 뿐만 아니라 예수님께서도 지상에서 사역을 하시는 동안 여러 번 천사들에 관한 언급을 하심으로 예수님 자신도 천사들의 존재에 관해서 인정하셨다.

A. 천사의 정체

천사(ἀγγέλος 앙게로스)라는 단어는 히브리로는 "말렉"이고 헬라어로는 앙게로스(ἀγγέλος)이다. 앙게로스라는 말의 뜻은 "부리는 자", "보냄을 받은 자" 또는 "심부름을 하는 자"라는 뜻을 가진 단어이다. 우리 말로 번역할 때 천사라고 번역되어 하늘에서 쓰임을 받는 자 또 하나님께서 부리는 자라는 뜻으로 이해하게 되었다. 그러나 히브리어의 "말렉" 이나 헬라어의 "앙게로스"는 하늘에서만 활약하는 존재가 아니라 사람에게도 적용되는 단어이다.

구약성경중 말라기는 제사장을 가리켜 "만군의 여호와의 사자"라고 불렀다.

"그 입에는 진리의 법이 있었고 그 입술에는 불의함이 없었으며 그가 화평과 정직한 중에서 나와 동행하며 많은 사람을 돌이켜 죄악에서 떠나게 하였느니라. 대저 제사장의 입술은 지식을 지켜야 하겠고 사람들이 그 입에서 율법을 구하게 되

---

1) Dickason, op., cit., pp. 13-14.

어야 할 것이니 제사장은 만군의 여호와의 사자가 됨이어늘 너희는 정도에서 떠나 많은 사람으로 율법에 거치게 하도다.” (말라기 2:6-8a)라고 말라기는 제사장의 기능에 관해 지적했다.

신약의 “앙게로스”도 흔히 사람에게 사용됐다. 그 대표적인 예는 계시록 2:-3: 에 나오는 일곱 교회의 목회자들이다. 계시록의 일곱 교회의 목회자들을 천사라고 부른 것은 해석상 전혀 문제가 없는 일인데 요한 자신이 “…네 본 것과 이제 있는 일과 장차 될 일을 기록하라 네 본 것은 내 오른손에 일곱 별의 비밀과 일곱 금 촛대라 일곱 별은 일곱 교회의 사자요 (앙게로스)일곱   촛대는   일곱   교회니라.”(요한계시록 1:19-20)고했다.

구약의 “말렉” 이라는 단어는 때로 비 품성적인 물체 또는 사건으로 하나님께서 특정한 목적을 위해 사용하실 때 이를 주도하는 천사와 함께 언급되기도 했다.

출애급 때 하나님께서 구름 기둥과 불기둥으로 이스라엘 백성을 인도하셨다.

“이스라엘 진 앞에 행하던 하나님의 사자(말렉)가 옮겨 그 뒤로 행하매 구름 기둥도 앞에서 그 뒤로 옮겨 애굽 진과 이스라엘 진 사이에 이르러 서니 저 편은 구름과 흑암이 있고 이 편은 밤이 광명함으로 밤새도록 저 편이 이 편에 가까이 못하였더라. (출애급기 14:19-20)

이상의 성구중 어떤 학자들은 구름 기둥과 하나님의 사자를 동격으로 해석하는 사람도 있는 반면 어떤 학자들은 동격이 아니라 별개의 것으로 해석하는 사람도 있다.

동격으로 보는 것보다는 별개의 것으로 보는 것이 더 정확한 해석이라고 보는 경우에도 천사와 구름 기둥은 보조를 같이 하여 이스라엘을 인도하는 역할을 감당했다.

다윗이 열국을 통일하고 이스라엘이 안정됐을 때 일종의 자만심에 빠져 인구 조사를 했던 때가 있다. 이 사실을 하나님께서 기쁘게 생각지 않으시고 이스라엘에 재앙을 내렸었는데 이 사실에 관해 사무엘서의 기자는 다음과 같이 지적했다.

"이에 여호와께서 그 아침부터 정하신 때까지 온역을 이스라엘에게 내리시니 단부터 브엘세바까지 백성의 죽은 자가 칠 만인이라 천사가 예루살렘을 향하여 그 손을 들어 멸하려 하더니 여호와께서 이 재앙 내림을 뉘우치사 백성을 멸하는 천사에게 이르시되 족하다 이제는 네 손을 거두라 하시니 때에 여호와의 사자가 여부스 사람 아라우나의 타작마당 곁에 있는지라 다윗이 백성을 치는 천사를 보고 곧 여호와께 아뢰어 가로되 나는 범죄하였고 악을 행하였삽거니와 이 양무리는 무엇을 행하였나이까 청컨대 주의 손으로 나와 내 아비의 집을 치소서 하니라."(사무엘하 24:15-17)

이상에서 "온역"이라고 말한 재앙은 역대상에서는 "여호와의 칼 곧 온역"이라고 기록되었다.

"갓이 다윗에게 나아가 고하되 여호와의 말씀이 너는 마음대로 택하라 혹 삼년 기근일지 혹 네가 석달을 대적에게 패하여 대적의 칼에 쫓길 일일지, 혹 여호와의 칼 곧 온역이 사흘 동안 이 땅에 유행하며 여호와의 사자가 이스라엘 온 지경을 멸할 일일지 하셨나니 내가 무슨 말로 나를 보내신 이에게 대답할 것을 결정하소서."(역대상 21:11-12)

위에서 말하는 이스라엘 백성을 멸할 "온역" 또는 "여호와의 칼" 은 여호와의 사자(천사)가 사용한 특별한 질병의 일종인지 또는 천사가 직접 취한 행동이었는지를 구분하기 힘들게 기록됐다. 이미 영계론을 취급하는 서두에서 설명했듯이 천사는 하나님의 피조물 중에서도 물체로 구성된 존재가 아니라 물질이 아닌 영적인 존재로 지음을 받았다. 물론 성경에 천사들이 육체를 가진 사람의 모습으로 나타난 사실을 자주 언급할 뿐만 아니라 천사들은 아브라함에게서 떡과 우유와 버터와 좋은 송아지로 요리한 음식 대접을 받는 모습을 창세기에서 발견한다.(창세기 18:8)

그뿐 아니라 천사들은 밤새도록 야곱과 맞붙어서 씨름을 힌 기록이 있고(창세기 32:24-30)시뻘겋게 타고 있는 풀무불 속에 던짐을 받았던 사드락과 메삭과 아벳느고와 함께 불속에서 이 젊은 세 친구들을 보호하면서 느부갓네살이나 그의 주변에 있던 신하들이 볼 수 있게 나타났었다.

"내가 보니 결박되지 아니한 네 사람이 불 가운데로 다니는데 상하지도 아니하였고 그 넷째의 모양은 신들의 아들과 같도다."(다니엘 3:25)

라고 깜짝 놀란 느부갓네살 왕이 고백했던 사건 등은 천사들은 필요에 의해 볼 수도 있고 만질 수도 있으며 공간을 점령하고 있어 물리적인 움직임이나 힘에 저항 또는 반응을 보일 수 있는 존재로 어느 때든지 자신들을 실체화 할 수 있는 존재들임을 증거한다.

B. 천사들의 호칭

천사들은 "천사"라고 부르는 이외에 다른 이름으로도 자주 불렸다. 아브라함을 찾아왔던 세 천사들은 그냥 사람(세 사람)이라고 불렀다.(창세기 18:2)창세기 18장의 기록을 계속해서 자세히 분석해 볼 때 그 중에 하나는 여호와(창세기 18:17)라고 불렀고 나머지 둘은 천사였음이 분명하다.

천사들을 사람이라고 불렀던 이유는 소돔과 고모라를 심판하러 갈 때처럼 자신의 정체를 들어내기를 원치 않았을 때 어디에서나 어떤 사람들 틈에라도 섞여서 자신의 본체를 숨길 수 있도록 사람의 모습으로 나타났었기 때문인 것 같다.

이런 현현 방법은 하나님의 자비로우신 처사로서 사람들의 연약한 심리상태를 고려하시어 취하신 일인 것 같다. 과거에는 말할 것도 없거니와 현재도 천사들이 초자연적인 상태로 우주의 공간이나 인간들이 서식하는 지구 표면에 눈에 보이게 나타난다든지 우리들이 사는 도심지를 종횡무진 돌아다닌다면 아마도 많은 사람들이 공포심으로 정상적인 생활을 못하고 결국은 심장마비로 쓰러지거나 아니면 정신 이상이 되고 말 것은 자명한 사실이다. 인간들의 한계를 아시는 하나님께서 인간들이 감당할만한 방법으로 우리에게 천사의 모습을 사람의 모습으로 변화 시켜 보여주시는 것이다.

사도행전의 기록에도 천사를 말할 때 "흰옷을 입은 두 사람"이 제자들 곁에 서 있었던 것으로 표시되었다.(사도행전 1:10)만일 우리가 이 당시의 사건을 제 삼자의 입장에서 관찰했다면 우리도 넋을 놓고 하늘을 쳐다보고 있던 예수님의 제자들과 이 흰옷을 입은 두 사람을 구별해 내지 못했을 것이다. 성경에 천사들이 흰옷을 입었다는 것 외에는 별로 다른 사람들과 구별을 할 수 있는 특징을 보여주지 않았다.

천사들은 유난히 키가 컸다든가 유난히 체구가 컸던 것도 아니고 별스러운 행동을 하거나 또는 음성이 뇌성처럼 크지도 않았다. 제자들과 비슷한 모습이었던 것이 분명하다. 이 문제에 관해 럼비(J. Rawson Lumby)는 "저들은 사람이라고 불렸으나 천사였음이 확실하다. 마리아가 예수님의 부활 직후 무덤에서 만났던 천사도 흰옷을 입었다고 했는데(요한복음 20:12)이 천사에 대해서 마가는 "흰옷을 입은 청년"이라고 표현했다.

누가도 복음서에서 "찬란한(Shining Garments) 옷을 입은 두 사람"(누가복음 24:4)이라고 표현했으며 사도행전 10장 30절에도 "빛나는 옷을 입은 사람"이 고넬료의 앞에 나타났던 사실을 말하고 있다. 이 사실을 11장 13절에서는 "천사"라고 지칭하고 있는데 이렇게 천사나 하나님의 사역자를 "사람"이라고 부르는 것은 유대인의 보편적인 표현 방법이었다."2)

두 번째로 천사들은 "하나님의 아들들"(בְּנֵי הָאֱלֹהִים)이
라고 불렸다.(욥 1:6, 38:7 비교) 유대인 학자라이헐트
(Victor E. Reichert)는 욥기 1장 6절에 나타나는 하나님의
아들을 천사로 해석하면서 "하나님께서 욥의 순수한 신앙을
의심하는 사단에게 욥을 자랑스럽게 보이고 있다." 고 말했
다.3)

계속해서 라이헐트는 욥기 38장 7절에 언급된 하나님의 아
들에 관해서 다음과 같이 말하고 있다. "하나님의 아들들이란
천사들을 말하는데(Metudahth David)이 별들과 천사들은
시편 148장 2절에도 함께 언급됐다. 왕들이 자기 왕국의 터
를 놓을 때에 왕후 장상들과 음악인들을 총동원하여 큰 소리
를 내거나 음악을 연주하는 것은 관례적이었던 사실이다. 마
찬가지로 하나님께서도 지구의 터를 놓으셨을 때 새벽별들이
함께 노래하며 하나님의 아들들이 다 기쁘게 소리하였었다."
고 설명했다.4)

욥기 38장 7절 이하는 물론 사람이 아직 창조되기 이전 지
구의 터를 놓을 때 있었던 사실을 기록한 것이다. 사람보다
먼저 창조되어 이미 존재하고 있었고 그래서 하나님의 창조의

---

2) Rawson Lumby, The Acts of the Apostles. (Cambridge: At the University
   Press.
   1916) pp. 5-6.
3) Victor E. Reichert, Job. (New York: The Soncino Press. 1985)
4) __________ op., cit., p.197.
   Mercia Eliade, A History of Religious Ideas. 3 vols. Trans. W.R. Trask,
   (Chicago: University of Chicago Press 1978) vol. 1, pp. 168-171. Eric
   Voegelin, Order & History 5 vols. (Boston Rouge: Louisiana State University
   Press 1956) pp. vol. 1., p. 17-18.

사역을 목격하고 있던 하나님의 아들들이라고 불리는 존재들이 혼동상태에서 질서가 생기기 시작하고 어두움 가운데서 빛이 비취기 시작하며 흙탕물이 가라앉거나 증발하면서 육지가 드러나는 등 지구의 형태가 생기는 것을 보고 기쁨으로 소리를 쳤다고 기록하고 있다. 따라서 이렇게 지구의 창조 과정을 목격했던 하나님의 아들들이란 아직 창조되지도 않았던 사람들에게 주어졌던 호칭이라고 볼 수는 전혀 없고 이들이 영적인 존재로 천사들이었다는 결론은 당연한 이론이다.

세 번째로 천사들은 때 때로 순찰자라고도 불렸다.

느브갓네살 왕이 말년에 교만해졌을 때 하나님께서 그의 교만함을 벌하시어 광기를 일으키게 하셨다. 하나님의 이같은 심판을 전달한 천사를 "순찰자"라고 호칭하고 있다.

"내가 침상에서 뇌 속으로 받은 이상 가운데 또 본즉 한 순찰자, 한 거룩한 자가 하늘에서 내려왔는데 그가 소리질러 외쳐서 이처럼 이르기를 그 나무를 베고 그 가지를 찍고 그 잎사귀를 떨고 그 열매를 헤치고 짐승들로 그 아래서 떠나게 하고 새들을 그 가지에서 쫓아내라 그러나 그 뿌리의 그루터기를 땅에 남겨두고 철과 놋줄로 동이고 그 것으로 들 청초 가운데 있게 하라. 그것이 하늘 이슬에 젖고 땅의 풀 가운데서 짐승으로 더불어 그 분량을 같이 하리라. 또 그 마음은 변하여 인생의 마음 같지 아니하고 짐승의 마음을 받아 일곱 때를 지나리라 이는 순찰자들의 명령대로요 거룩한 자들의 말대로니 곧 인생으로 지극히 높으신 자가 인간 나라를 다스리시며 자기의 뜻대로 그것을 누구에게든지 주시며 또 지극히 천한 자로 그 위에 세우시는 줄을 알게 하려 함이니라 하였느니라." (다니엘

4:13-17)

다니엘이 순찰자(עִיר)라고 부른 존재나 거룩한 자(קַדִּישׁ)는 모두 하늘에서 온 자들이요 천사들에게 주어진 호칭임에 틀림없다.

이 문제에 관해 스로키(Slotki)는 순찰자라는 단어의 뜻은 "깨어 있는 자"인데 천사를 의미한다. 이 단어는 에녹의 책(경외전)에도 천사를 의미하는 뜻으로 여러 번 사용됐다. "거룩한자"도 역시 천사에 관해 주어진 다른 호칭이라고 해석하고 있다. (다니엘 8:1-13)[5]

다니엘서에서 천사를 "순찰자" 또는 "거룩한자"라고 호칭한데는 충분한 이유가 있다. 천사들의 기능중 중요한 부분은 하나님의 섭리가 옳게 실현되어 가는지를 주시하는 것이다. 만약 어느 부분이든지 하나님의 섭리에서 탈선된 방향으로 가거나 하나님의 섭리기 옳게 실현되지 않는 사건이 발생했을 때 천사들은 이를 하나님께 보고하고 이 사실에 근거해서 하나님께서는 이에 대해 적절한 조처를 하시는데 그 중의 하나는 범법자를 처벌하시는 것이다. 하나님의 섭리를 벗어나 자만해졌던 느부갓네살 왕을 7년 동안 정신 질환으로 치시는 사역을 감당했던 천사는 느부갓네살에게 대한 감독자 또는 순찰자의 역할을 감당했던 것이다.

다음으로 "거룩한자"라는 호칭을 생각해 볼 필요가 있다. 시편 기자는 "여호와여 주의 기사를 하늘이 찬양할 것이요 주의 성실도 거룩한 자의 회중에서 찬양하리이다. 대저 궁창에

---

5) Judah J. Slotki, Daniel, Ezra, Nehemiah. (New York: The Soncino Press.1951)

서 능히 여호와와 비교할 자 누구며 권능 있는 자 중에 여호와
와 같은 자 누구리이까 하나님은 거룩한 자의 회중에서 심히
엄위하시오며 둘러 있는 모든 자 위에 더욱 두려워할 자시니
이다."(시편 89:5-7)라고 했다.

이상의 인용구중 "거룩한 자의 회중"(בְּקַהַל קְדֹשִׁים)은 천
사들의 무리에 대한 호칭이다. 6절에 "궁창에서 능히 여호와
와 비교하는 자 누구며"라고 번역된 부분은 원문에 "거룩한
존재들(하나님의 아들 -)과 비교할 수 없다"고 되어 있어 하
나님은 창조자이시어서 천사들과는 비교도 할 수 없는 위치에
계심을 강조하고 있다. 7절에서 하나님의 주변을 둘러싸고 봉
사하고 있는 무리들을 "거룩한 자"라고 번역을 했는데 이 부
분은 하늘의 아들들(בִּבְנֵי אֵלִים)이라고 불렸고 이들도 역시
천사들에 대한 호칭으로 거룩한 자라는 뜻을 반복을 피해 표
현한 것이다.

"거룩하다"라는 단어의 뜻은 순수하여 추함이 없다는 뜻으
로 흔히 하나님을 위해 봉사하도록 구별된 제사장이나 제물에
사용되는 단어이다. 시편 89편 5-7절 사이에 하나님이 거룩
한 자들에게 둘러 싸여 있다고 지적하고 있는 것은 천사들은
하나님을 위해 봉사하는 사역자들임을 뜻하고 있다.

"군대"(만군)라고 번역된 단어는 모여 있는 무리 또는 캠프
라는 뜻의 단어이다. 고대 농경목축 사회에서 많은 무리가 떼
를 지어 다녔던 것은 흔히 적들이나 도적의 무리들과 싸워야

했던 때문이었다. 그런 까닭에 "무리"라는 단어가 군대라는 뜻으로도 사용하게 됐다. 이렇게 천사들을 군대라고 부른 것은 많은 수가 하나님의 뜻을 실현하는 일에 관여 됐음을 들어내는 말이다. 마치 군사가 지휘관의 명령에 의해 집단적으로 움직이듯이 천사들은 하나님의 명령을 따라 집단 행동을 하는 예가 흔히 있고 이같은 상황을 서술하는 단어로 "군대"라는 호칭은 가장 적합한 이름이었다.

예수님께서 잡히시던 날 저녁에 유다가 예수님을 잡으러 군대와 대제사장이 보낸 하속들을 데리고 왔을 때 시몬 베드로가 대 제사장의 종의 귀를 쳐서 떨어뜨린 사건이 발생했었다. 예수님께서 이 때 베드로에게 "네 검을 도로 집에 꽂으라 검을 가지는 자는 다 검으로 망하느니라 너는 내가 내 아버지께 구하여 지금 열두 영 더 되는 천사를 보내시게 할 수 없는 줄로 아느냐"(마태복음 26:52-53)라고 책망하셨다.

여기여 "열두 영" 이라고 번역된 "영"은 군사 술어이다. 현대 군사조직으로 일개 연대에 해당하는데 예수님 당시의 한 영($\lambda \varepsilon \gamma \iota \omega \nu \alpha s$)은 3,000 명 내지 6,000 명으로 형성된 부대였다. 예수님께서 천사의 무리를 열두 영 이라는 군사조직에 해당하는 술어를 써서 표현하고 있는 것은 역시 천사들은 그 수가 많아서 때로는 군대 조직과 같은 조직을 통하여 많은 수의 천사가 동시에 하나님의 뜻을 수행하는 사실을 들어내는 표현이다.

히브리서 기자는 천사들을 가리켜 "부리는 영"(히브리서 1:14)이라고 불렀다. "부리는 영"(πνεύματα εἰς διακονίαν)이라는 호칭은 천사들의 기능에 대한 말인데 중생한 기독교인들을 위해 봉사하는 자들이라는 뜻이다.

"모든 천사들은 부리는 영으로서 구원 얻은 후사들을 위하여 섬기라고 보내심이 아니뇨"라고 표현함으로 구원받은 성도들을 위해 천사들은 파송을 받아 봉사하는 존재라고 지적했다.

서양기독교 문명권에서는 "지키는 천사"(Guardian Angel)라는 말을 많이 사용한다. 그 좋은 예중의 하나는 수년 전에 뉴욕 시에 거리의 깡패가 난무해도 경찰의 손이 미처 구석구석까지 미치지 못했기 때문에 어린이들이나 노인, 혹은 여자들이 마음놓고 거리를 다니지 못했고 또 시민들이 전철을 타고 다니다가도 번번이 희생을 당하는 것을 보고 의분을 품은 젊은이들이 자발적으로 나서서 뉴욕 시민들을 거리의 깡패들로부터 보호하는 자원봉사단을 조직했다.

이 자원봉사단들이 자기들의 조직체의 이름을 "지키는 천사"(Guardian Angels)라고 지었다.

본래 지키는 천사라는 개념은 성경에서 온 것으로 하나님께서 자기의 자녀들을 위해 천사들을 보내어 그들의 신변을 보호해 준다는 개념이다. 이러한 생각의 출처는 히브리서인데 "모든 천사들은 부리는 영으로서 구원 얻은 후사들을 위하여 섬기라고 보내심이 아니뇨"(히브리서 1:14)라고 천사들이 섬기는 대상이 구원받은 기독교인이라는 사실을 의심의 여지가 없이 기록해 주고 있다.

나를 위해서 봉사하라고 천사들을 파송하셨으면 어떤 면에서 나를 위해 봉사하고 있는 것일까? 또 우리들을 보호하라고 보내셨다면 누구에게로부터 우리들을 보호하고 있는 것인가? 만일 천사들이 지금도 나를 보호하고 있다면 왜 나는 그 사실을 전혀 모르고 있는 것일까?

이 세상의 통치자인 사탄은 기회만 있으면 하나님의 자녀인 기독교인들을 유혹해서 범죄하고 쓰러뜨리게 하려고 쉬지 않고 노력하고 있다. 영적인 존재인 사탄은 무서운 힘을 가지고 있을 뿐만 아니라 끈질긴 도전을 하기 때문에 기독교인들 혼자만의 힘으로는 도저히 사탄과 싸워 이겨낼 방법이 없다. 그래서 하나님께서 그의 천사들을 파송하셔서 우리를 돕게 하신 것이다.

대통령이나 혹은 저명인사들이 여행을 할 때는 반드시 신변보호를 하는 경호인들이 따라다니면서 안전을 기한다. 눈에 보이는 수행원만 신변보호를 하는 것이 아니라 어느 곳이었던지 예정된 장소에 선발대가 먼저 가서 모든 안전을 위한 준비를 하는데 저격범들이 숨어서 저격할 수 있는 위치를 확보하지 못하게 미연에 방지하고 치밀한 안전 조치를 사전에 취하는 것이다. 이런 준비를 하는 사람들은 떠들썩하게 광고를 하고 다니는 것이 아니라 사람들이 알아보지 못하게 조용히 다니면서 침착하고 치밀하게 모든 구석구석을 다 관찰하고 준비한다.

　마찬가지로 우리 믿는 자들 즉 하나님의 자녀들을 보호하기 위해 파견된 천사들은 영적인 존재들인 까닭에 우리가 눈으로 볼 수도 없고 손으로 만질 수도 없고 느끼지도 못하지만 분명히 우리주변에서 밤에나 낮에나 우리를 지키고 보호하고 있다. 이것은 어느 유명한 학자의 이론이 아니라 "모든 천사들은 부리는 영으로서 구원 얻을 후사들을 위하여 섬기라고 보내심이 아니뇨"라고 히브리서에 기록된 하나님의 말씀이다.

　밤이 되면 모든 사람은 피곤해서 깊은 잠에 떨어져 자신을 방어할 태세가 완전히 없어져버린다. 혹 깨어 있는 낮에도 조금만 어렵고 괴로운 일을 당하면 실망하거나 낙망해서 주저앉아버리는데 하나님께서 보내신 나를 보호하는 천사들은 우리가 잠이 들었던지 깨어 있던지 어느 때든지 상관없이 한 순간도 쉬지 않고 충성스럽게 우리를 지키고 보호하는 임무를 수행하고 있다. 만일 예수를 믿는 우리 기독교인들에게 우리를 보호하고 지키는 천사가 파송되어 있지 않다면 우리는 마치 이 우주에 버려진 고아와 같아서 도저히 사탄과 악령들이 활동하는 이 세상에서 살아남을 방법이 없을 것이다.

　다니엘서 10장 13절에는 영적인 존재들로 바사국군(שַׂר מַלְכוּת פָּרַס)또는 군장(הַשָּׂרִים הָרִאשֹׁנִים)이라고 불리는 존재들이 언급됐다. "군" 또는 "군장"이라고 번역된 단어는 왕자 또는 통치권자라는 뜻을 가진 단어이다. 따라서 영어로는 프린스(Prince)라고 번역됐다. 다니엘서 10장은 다니엘이 하나님께 드렸던 기도의 응답을 천사가 전달하려고 가지고 오는데 하나님의 섭리를 반대하고 있는 영계의 존재들 중에 페르시아 제국의 실권을 장악하고 있는 악령(바사국군)이 자그마치 21일 동안이나 하나님의 천사의 가는 길을 막고 있던 사실을 기록하고 있다. 결과적으로 군장중 하나인 미가엘이 와서 도와주어 진로를 막고 있던 악령을 물리치고 다니엘에게 기도의 응답을 전달했다는 기록이다. 이상의 성구에서 미가엘을 군장 또는 왕자라고 부르고 있다.

천사들 중에는 개별적으로 이름을 가진 천사들이 있는데 첫째로 가브리엘(גַּבְרִיאֵל)(다니엘 9:21, 누가복음 1:26)이라고 불리는 천사가 있다.

가브리엘이라는 이름의 뜻은 "하나님의 강한 자" 또는 "하나님의 능력자"이다. 다니엘서에는 하나님의 계시를 가지고 다니엘에게 전달하러 왔던 자로 기록되었고 누가복음에는 이 가브리엘이 마리아에게 메시야의 탄생을 전하러 왔었다. 전파통신(Tele-communication, Information super highway)이 극도로 발달한 현대인의 사고방식으로는 하나님께서 직접적으로 다니엘에게 혹은 마리아에게 메시지를 전달할 수 있으셨을 텐데 왜 하필이면 가브리엘 천사를 시켜서 전달하셨는가 하는 질문이 나올 수밖에 없다.

그러나 절대로 사람들에게 무리한 요구를 하지 않으시는 하나님께서는 사람들이 이해하고 따라올 수 있는 정도만 계시하셔서 사람들의 경험과 실천을 통해 성장 발전해서 스스로 따라오기를 하루가 천년 같이 천년이 하루같이 인내력을 가지고 기다리시는 분이시다(베드로 후서 3:8). 따라서 그 때 그 때 상황에 맞도록 계시하시는데 이것이 바로 계시의 방법론을 취급할 때 말하는 현실적인 계시(Doctrine of Condescension)라는 이론이다. 제일 비근한 예로 십계명을 예로 들 수 있다. 십계명은 신학적으로 혹은 정치이론으로 엄격하게 분석하면 봉건 제후 연맹 조약에 해당하는 조약문이다. 봉건제후 연맹 제도는 그 당시 힛팃트 족이 사용하던 정치 기구였다. 출애급 당시 이스라엘 백성들이 알고 있는 정치 제도는 이런 정도였기 때문에 이 기구와 비슷하게 그러나 하나님의 뜻에 맞게 십계명을 이스라엘백성들에게 주셨던 것이다. 그래서 하나님은 황제로 이스라엘 백성들은 봉건 연맹 제후 국가로 연맹조약을 체결하는 형식으로 십계명이 체결 됐던 것이다.

둘째로 이름이 밝혀진 천사는 미가엘이다(מִיכָאֵל)(다니엘 10:13,

21, 12:1, 계시록 12:7)미가엘은 누가 하나님과 같은가? 라는 뜻을 가진 단어로 "하나님은 위대하시다" 또는 "하나님은 지존하신 자"라는 뜻을 강조하는 이름이다. 미가엘은 다니엘서에 "군장중 하나"(다니엘 10:31)라고 형용어구를 붙여 사용한 이외에 요한계시록에는 미가엘이 인솔하는 천사들이 사탄과 악령들(용과 그의 사자)(계시록 12:7)과 전쟁을 해서 승리했다고 기록됐다. 또 유다서 9절에도 미가엘이 모세의 시체 처리 문제로 사탄과 분쟁하는 것을 기록하고 있다. 물론 이미 언급한대로 다니엘에게 하나님의 계시를 전달하려고 오다가 페르시아 군장에게 방해를 받았을 때 도운 것도 미가엘이다. 이런 것으로 보아 미가엘은 천사장으로 군사문제의 권

력을 행사하는 존재인 것 같다.

세 번째 개인적인 이름으로 불린 존재는 아볼루온(Ἀπολλύω
ν)인데 이 존재는 요한계시록 9장 11절에 한번만 언급된 존
재이다.

이 이름의 뜻은 "파괴"를 뜻하는데 계시록에는 무저갱에 갇
히었다가 대 환란 때 풀려 나와 이 세상에 파괴를 가져오는
무서운 존재로 묘사됐다. 그 외에 정확한 이름은 언급되지 않
았어도 천사들 중에서 특별한 계급에 속한 천사들이 있는데
이들을 천사장이라고 불렀던 것 같다. 바울은 데살로니가 교
회에 보내는 편지 중에서 "형제들아 자는 자들에 관하여는 너
희가 알지 못함을 우리가 원치 아니하노니 이는 소망 없는 다
른 이와 같이 슬퍼하지 않게 하려 함이라 우리가 예수의 죽었
다가 다시 사심을 믿을진대 이와 같이 예수 안에서 자는 자들
도 하나님이 저와 함께 데리고 오시리라 우리가 주의 말씀으
로 너희에게 이것을 말하노니 주 강림하실 때까지 우리 살아
남아 있는 자도 자는 자보다 결단코 앞서지 못하리라. 주께서
호령과 천사장의 소리와 하나님의 나팔로 친히 하늘로 좇아
강림하시리니 그리스도 안에서 죽은 자들이 먼저 일어나고 그
후에 우리 살아 남은 자도 저희와 함께 구름 속으로 끌어 올려
공중에서 주를 영접하게 하시리니 그리하여 우리가 항상 주와
함께 있으리라. 그러므로 이 여러 말로 서로 위로하라."(데살
로니가전서4:13-16)고 말했다.

위의 성구에는 천사장이 그리스도의 공중 재림시 주님의 호

령과 함께 큰 소리를 발하면서 오는 것으로 되었는데 천사장 (Αρχαγγελοs)에 관해서는 데살로니가전서 이외에 유다서 9절 에도 언급됐다.

"너희가 본래 범사를 알았으나 내가 너희로 다시 생각나게 하고자 하노라 주께서 백성을 애굽에서 구원하여 내시고 후에 믿지 아니하는 자들을 멸하셨으며 또 자기 지위를 지 키지 아니하고 자기 처소를 떠난 천사들을 큰 날의 심판까 지 영원한 결박으로 흑암에 가두셨으며 소돔과 고모라와 그 이웃 도시들도 저희와 같은 모양으로 간음을 행하며 다 른 색을 따라 가다가 영원한 불의 형벌을 받음으로 거울이 되었느니라. 그러한데 꿈꾸는 이 사람들도 그와 같이 육체 를 더럽히며 권위를 업신여기며 영광을 훼방하는도다 천 사장 미가엘이 모세의 시체에 대하여 마귀와 다투어 변론 할 때에 감히 훼방하는 판결을 쓰지 못하고 다만 말하되 주께서 너를 꾸짖으시기를 원하노라 하였거늘 이 사람들 은 무엇이든지 그 알지 못하는 것을 훼방하는도다. 또 저 희는 이성 없는 짐승 같이 본능으로 아는 그것으로 멸망하 느니라. "(유다 5-10)

유다서에 미가엘을 천사장이라고 불렀던 사실과 관련하여 많은 천사들 중 천사장으로 불리는 지도계급에 속하는 천사들 이 따로 있음을 알 수 있다.

그 외에 각기 특별한 호칭이 붙여진 다섯 계급의 천사들이 있음을 성경에서 발견할 수 있다. 우선 에베소 1장 21절에는 정사(ἀρχαi-Principality), 권세(ἐξουσιαs-Authority)능력 (δυνάμεωs-Power), 과 주관(κυριότητεs-Dominion)등 네 계급의 천사들의 이름이 언급됐다. 두 번째로 골로새 1:16절

에 언급된 천사들의 이름은 보좌들, (θρονος-Thrones)주관
들(κυριοτητες-Dominions)정사들(αρχαι-Principalities)
과 권세들(εξουσιαι-Powers)이다. 특히 골로새서에 모든 천
사들을 복수 명사로 언급한 것은 이 계급에 속하는 천사들이
많이 있음을 보이고 있으며 에베소서나 골로새서의 문맥으로
보아 이들은 눈에 보이지 않는 영적인 존재들로 천국에 존재
하는 천사들임을 의심할 여지가 없다.

　이상의 성구 이외에도 천사들의 계급에 관해 언급하고 있는
성구가 몇 개 있는데 우선 베드로전서 3:22절에는 "저는 하
늘에 오르사 하나님 우편에 계시니 천사들과 권세들과 능력들
이 저에게 순복하느니라." 고 했다. 베드로는 이 문구에서 권
세와 능력에 대해서는 천사들의 계급의 이름을 부르고 있는
동시에 그 이외의 천사계급은 일반적인 호칭으로 천사들이라
고 부르고 있는 것 같다.

　바울은 에베소에 보내는 편지에 "이는 이제 교회로 말미암
아 하늘에서 정사와 권세들에게 하나님의 각종 지혜를 알게
하려 하심이니 곧 영원부터 우리 주 예수 그리스도 안에서 예
정하신 뜻대로 하신 것이라."(에베소서 3:10-11)고 했다.
이상의 두 성구를 통해서 볼 때 정사와 권세는 보좌나 주관
또는 능력보다 더 중요한 위치를 차지하고 있는 것 같다.

　정사와 권세 계급중 일부는 타락하여 악령이 됐고(에베소
서 6:11-12 참조) 나머지는 타락하지 않고 지금도 천사의 위
치에 남아 있어 하나님을 섬기고 있다. 따라서 바울이나 베드
로가 이 계급의 천사들에 대해 특별한 관심을 기울이는 것은

당연한 일이다.

정사와 권세 그리고 능력의 계급에 속한 천사에 관해 해석상 어려움을 주는 성구가 있는데 그것은 고린도전서에 나오는 문구로 "그러나 각각 자기 차례대로 되리니 먼저는 첫 열매인 그리스도요 다음에는 그리스도 강림하실 때에 그에게 붙은 자요 그 후에는 나중이니 저가 모든 정사와 모든 권세와 능력을 멸하시고 나라를 아버지 하나님께 바칠 때라 저가 모든 원수를 그 발아래 둘 때까지 불가불 왕노릇 하시리니 맨 나중에 멸망 받을 원수는 사망이니라."(고린도전서 15:23-26)는 내용이다.

천사들은 영적인 존재요 죽지 않고 영생하는 존재로 알려졌음에도 이 성구에는 모든 정사와 모든 권세와 능력을 멸하신다고 했는데 그러면 그리스도께서 정사나 권세 및 능력이라고 불리는 천사들을 다 없애버리신다는 뜻인가? 그렇다면 타락하지도 않았고 범죄한 일도 없이 하나님의 사역을 위해 쓰여진 천사들 중 일부도 사멸 처분하신다는 뜻인가?라는 질문이 나온다.

많은 주석가들이 이 난해의 성구가 나오면 여기에 지적된 정사와 권세 그리고 능력 등은 천사의 호칭이 아니라 그리스도의 구원의 역사에 관련된 사실에 불과하다고 해석하거나 아니면 입을 봉해 버리고 만다.

이 문제에 대한 올바른 해석은 그 원어에 의해 해석해야 되는데 "멸하신다"(καταργήση)라는 단어의 뜻과 문맥상의 해석이다. 멸한다는 단어는 카타(κατα)라는 전치사와 알게오 또는 알고스(ἀργέω, ἀργός)라는 단어의 합성어로 기능을 정지시킨다는 뜻이다. 누가복음에 사용된 비유중에 무화과나무를 심었는데 자리만 차지하고 열매를 맺지 않는 무화과나무가 점령하고 있는 땅을 가리켜 "땅만 버린다"고 서술했는데 이 때 "버린다"는 개념이 멸한다(καταργέω)와 같은 단어이다. 따라서 인위적으로 선정된 땅에 무화과 열매를 얻기 위해 식목을 했는데 원래의 목적이 성취되지 않고 열매를 맺지 못하는 상태가 "멸한다"는 개념이다.

고린도전서 15장 23-26절의 기록이 포함하고 있는 기간은 구속의 역사 전체에 해당한다. 따라서 구속의 역사가 완성된 후에는 정사나 권세 또는 능력이라고 불리는 천사들이 그리스도께서 강림하실 때 그들의 기능도 정지처분된다는 뜻으로 해석할 수 있다. 원래 정사, 권세, 능력, 주관 및 보좌 등은 천사들의 개별적인 이름이 아니라 계급에 의한 호칭이었음을 기억할 필요가 있다. 천사들이 하나님의 섭리를 실현해 나감에 있어 각기 주어진 기능에 의해 정사나 권세 등으로 불렸고 구속의 역사가 종식되면 기능상의 구분에 의해 붙여졌던 계급의 이름이 정지처분이 되는 것이다. 따라서 고린도전서 15장 24절은 천사들 중 일부가 없어짐을 의미하는 성구가 아니라 구원의 역사의 종식과 함께 기능상의 계급적 구분이 없어짐을 뜻하고 있다.

　　C. 천사들의 근원

원래 천사들은 어디에서 왔는가? 하나님께서 천사들의 조상에 해당하는 존재를 창조하신 후에 그 수가 점차적으로 증가했는가? 영지주의 자들이 주장했던 것처럼 하나님으로부터 천사들이 유출되기라도 했었던가? 자연계의 진화현상중 생물이 우발적으로 발생했다는 진화론자들의 주장처럼 천계에서도 천사들이 우발적으로 발생했다고 보는가?

성경에 분명히 천사의 존재에 관해 기록된 까닭에 천사의 존재를 믿는 기독교인들에게 있어서는 천사의 기원에 대해서는 반드시 설명이 가능하고 또 이해하고 있어야 하는 문제이다.

물질의 창조문제를 취급하고 있는 창세기 1장으로부터 2장 사이에는 빛이 있으라 하매 빛이 있었고 궁창을 만드시어 궁창 아래 물과 궁창 윗물을 가르시고 땅을 만드시고 땅은 풀과 씨 맺는 채소와 각기 종류대로 씨 가진 열매 맺는 과목을 만드시고 하늘을 나는 모든 새들과 물 속의 모든 고기들을 종류대로 만드시고 땅위에 모든 짐승들을 종류별로 만드시고 마지막으로 사람을 만드시기까지 모든 창조의 기사가 있는데 천사들의 창조에 관한 언급이 전혀 없다. 그러면 이 천사들은 언제 창조됐을 것인가? 어디서 우리가 그 기원을 찾아볼 수 있을 것인가?

a. 천사들은 하나님의 피조물이다

천사들이 하나님의 피조물이라는 사실은 성경에서 증거돼

야 하고 또 특별히 창세기의 창조의 기록의 일환중에 포함되어 있다는 사실이 설명돼야한다.

"할렐루야 하늘에서 여호와를 찬양하며 높은데서 찬양할찌어다. 그의 모든 사자여 찬양하며 모든 군대여 찬양할찌어다 해와 달아 찬양하며 광명한 별들아 찬양할 찌어다 하늘의 하늘도 찬양하며 하늘 위에 있는 물들도 찬양할 찌어다. 그것들이 여호와의 이름을 찬양할 것은 저가 명하시매 지음을 받았음이로다 저가 또 그것들을 영영히 세우시고 폐치 못할 명을 정하셨도다 너희 용들과 바다여 땅에서 여호와를 찬양하라 불과 우박과 눈과 안개와 그 말씀을 좇는 광풍이며 산들과 모든 작은 산과 과목과 모든 백향목이며 짐승과 모든 가축과 기는 것과 나는 새며 세상의 왕들과 모든 백성 방백과 땅의 모든 사사며 청년 남자와 노인과 아이들아 다 여호와의 이름을 찬양할찌어다."(시편 148:1-13)

이상의 인용구 중 "그것들이 여호와의 이름을 찬양할 것은 저가 명하시매 지음을 받았음이로다"라는 말씀에 의해 모든 "사자"들은 하나님의 창조물임을 증거해준다 그럴 뿐만 아니라 "그의 모든 사자여…"라고 번역된 2절의 문구는 그의 모든 천사여(כָּל־מַלְאָכָיו)라고 번역했어야 하는 문구이다. 동시에 "그의 모든 군대"라고 번역된 문구도 하나님의 천사들에 대한 호칭으로 이해해야 한다. "군대"라는 단어는 체바(צָבָא)로 "싸우러 나간다"는 뜻을 가진 단어인데 때로는 빛나는 자라는 뜻으로도 번역됐다. 많은 천사들이 떼를 지어 하나님의 뜻을 이루기 위해 출동하는 상태를 서술하는 방법으로 "주님의 군대" 또는 "하늘의 군대"라고 천사들을 표현했다. 지금은 교통이 편리해져서 운동 경기나 행사가 있을 때 수만 명이 한 곳에 모이는 것이 간단하지만 시편이 쓰여질 때는 대개 전쟁을 할 때에만 한자리에 수만 명이 모였었기 때문에 많은 무리라는 말은 대개 군대처럼 해석했다. 천국에는 수도 없이 많은 천사들이 떼로 몰려 있기 때문에 천군 천사들이라고 혹은 하늘의 무리들이라고 부르는 것이다.

특히 시편 148편 2절을 1절의 연속으로 볼 때 "사자"나 군대들이 여호와를 찬양하는 것은 하늘에서 이루어지는 사건으로 하늘에 있는 천사들의 행위를 말하고 있지 지상에 살고 있는 인간들에 관한 서술이 아닌 것이 분명하다. 7절 이후에는 용들과 바다, 땅, 불과 우박, 눈과 안개와 그 말씀을 쫓는 광풍, 산들과 작은 산과 …등등 물질 세계에 있는 물체들에게 하나님에게 찬양하라고 함으로 시편 148편은 분명히 하늘에 있는 영계의 모든 존재들을 구분하고 있다. 같은 문제에 관해 느헤미야는: "오직 주는 여호와시라 하늘과 하늘들의 하늘과 일월성신과 땅과 땅위에 만물과 바다와 그 가운데 모든 것을 지으시고 다 보존하시오니 모든 천군이 주께 경배하나이다." (느헤미야 9:6)라고 말했다. 이상의 문구중 "하늘과"는 우주의 공간을 의미하는 하늘이고 "하늘들의 하늘" 이란 바울이 지적했던 삼층천을 의미하는 문구이다. 따라서 "하늘과" "하늘들의 하늘" 에 존재하는 모든 것을 지으셨다는 문구는 하나님께서 천사들을 창조하셨다는 말로 이해돼야 한다.

현재 천체물리학자들이 주장하는 대 폭팔론은 태양계의 크기와 같았을 것으로 추측되는 원래의 원자 예름(Yelm)이 폭발하여 360o 각도로 광선과 같은 속도로 계속해서 팽창돼 가고 있다는 것이다. 더 이상 팽창될 수 없을 정도가 되면 다시 수축작용을 해서 원래 폭발했던 예름과 같은 상태로 환원했다가 다시 폭팔 하는데 그 팽창하고 수축하는 기간이 수 백만 년이 걸림으로 우리가 느끼지 못하는 것뿐이라고 한다. 그러나 성경은 모든 우주를 공간 개념으로 설명한다. 그래서 지구로부터 시작해서 지구의 대기권을 일층천으로 우주의 공간 전체는 이층천 그리고 우주 밖을 벗어나면 삼층천이라는 곳이 있고 이 삼층천이 바로 하나님의 나라, 곧 하나님이 계시는 곳이다. 이 문제를 사도바울이 고린도후서 12장 1절 이하에서 다음과 같이 말하고 있다.

"무익하나마 내가 부득불 자랑하노니 주의 환상과 계시를 말하리라. 내가 그리스도 안에 있는 한 사람을 아노니 십 사 년 전에 그가 셋째 하늘에 이끌려 간 자라(그가 몸 안에 있었는지 몸밖에 있었는지 나는 모르거니와 하나님은 아시느니라)내가 이런 사람을 아노니(그가 몸 안에 있었는지 몸밖에 있었는지 나는 모르거니와 하나님은 아시느니라)그가 낙원으로 이끌려가서 말할 수 없는 말을 들었으니 사람이 가히 이르지 못할 말이로다."(고린도후서 12:1-4)여기에서 사도바울은 자신이 셋째 하늘 즉 삼층천까지 올라갔었던 사실을 고백하고 있다. 자연주의 신학을 받아들인 사람들은 우주를 공간 개념으로 받아들이지 못하고 우주를 차원의 세계 즉 평면과 수직관계 그리고 시간까지 첨부해서 사차원의 세계라고 설명하면서 거기에 5차원 6차원까지 있어서 인간들인 경우 4차원까지만 알고 있지만 우주가 점령하고 있는 그 공간에 이중적으로 복합적으로 영계가 존재할 수 있고 하늘이 존재할 수 있어서 차원상의 차이가 있는 것뿐이지 우주밖에 다른 무엇이 있는 것이 아니고 있는 것은 우주뿐이라고 주장한다.

태양계를 횡단하기 위해서는 광선과 같은 빠른 속도로 여덟 시간이 걸린다고 한다. 또 은하계 하나를 횡단하기 위해서는 5만 광년 내지 10만 광년이 걸린다고 하는데 그것의 중간치만 잡아도 7만5천 광년이 걸리는 거리이다. 그런데 은하계와 같은 성계가 우주 안에 몇 개가 있는가 하는 것은 천문학자들 간에도 의견이 일치하지 않고 몇십 만개 혹은 몇백 만개가 있다고 한다. 그러면 이 우주의 공간의 크기가 얼마나 크냐 하는 것은 상상도 할 수 없는 것이다. 그런데 그 큰 우주 밖에 또 삼층천이 있다는 것은 사람의 머리로는 받아들일 수 없는 개념이기 때문에 만약에 천국이 있다면 이 우주 안에 있고 영의 세계도 있다면 이 우주 안에 있어야 된다는 개념이 자연주의를 받아들인 사람들에게 있어서 필연적으로 주장되는 이론이다. 그렇기 때문에 뉴 에이지 운동자들이(New Age Movement)하나님께서 창조하신 천사들의 존재를 오히려 타계의 존재들로 둔갑을 시키는 현상이 일어나고 있다.

그러나 성경은 분명하게 공간개념으로 설명하고 있고 일층천은 대기권, 이층천은 우주의 공간, 삼층천은 하나님(하나님은 신이신고로 순수한 자존하시는 영으로 영원무궁하신 분)의 보좌가 있는 곳이라고 가르치고 있다. 예수님께서도 요한복음 14장2절 이하에서 "내 아버지 집"에는 거할 곳이 많으나 특별히 너희를 위해서 처소를 마련하러 간다고 말씀하시면서 준비가 다 끝나면 다시 우주 안 지구로 돌아오셔서 우리를

예수님이 계신 곳으로 인도하시겠다고 약속하셨다. 이 약속
은 우리를 인도할 곳(내 아버지 집)이 따로 있음을 증거한다.

　성경에서 하늘이 항상 복수로 샤마임(שָׁמַיִם)으로 나오는데
하늘들의 하늘이라고 한 것은 지구에는 대기권이 있고 대기권
을 벗어났을 때 별들의 세계가 우주 공간을 형성하고 있다.
삼층천 즉 하나님의 나라는 우주로부터 구분된 별개의 장소로
존재한다. 이것이 바로 느헤미야가 "오직 주는 여호와시라 하
늘들의 하늘과 일월성신과 땅과 땅위의 만물과 바다와 그 가
운데 모든 것을 지으시고 다 보존하시오니 모든 천군이 주께
경배하나이다."(느헤미야 9:6)라고 한 말씀의 내용이다.

　골로새서에서도 천사들을 포함한 보이지 않는 존재들(보
좌, 주관, 권세들을 포함한 모든 영계의 존재들)이 다 그리스
도로 말미암아 창조됐다는 사실을 명확히 밝히고 있다.

> "만물이 그에게 창조되되 하늘과 땅에서 보이는 것들과 보이지 않
> 는 것들과 혹은 보좌들이나 주관들이나 정사들이나 권세들이나 만
> 물이 다 그로 말미암고 그를 위하여 창조되었고 또한 그가 만물보
> 다 먼저 계시고 만물이 그 안에 함께 섰느니라."(골로새 1:16-17).

b. 영계의 존재들이 창조된 시기

　천사들이 언제 창조되었느냐 하는 문제는 그리 쉽게 해답을
찾을 수 없다.

　만약 하나님께서 창세기 1장 과 2장 사이에 천사나 영계의
존재들을 창조하셨으면 으레 영계의 창조에 대해 언급하셨을
텐데 어째서 영계의 존재에 대해 일언반구 언급하지 않으셨는
가? 창세기 1장과 2장의 기록에 관해 여러 가지의 해석과 설

명이 있는데 창세기 1장 1절은 창조의 사건에 관한 전통적인 서론인 동시에 결론으로 우주 및 그 안에 존재하는 모든 만물을 하나님께서 창조하셨다는 집약적인 선언으로 보는 견해가 있다.

창세기 1장 1절을 창조의 집약적인 선언으로 해석하는 경우 천사들의 창조도 창세기 1장 1절 속에 포함되어 있다는 사실까지는 확인되나 정확하게 언제 천사들이 창조되었나 하는 질문에 대한 답은 하지 못한다. 창세기 1장 1절은 피조물 전체가 창조됐다는 사실을 선포하고 있지 창조의 시기에 관해서는 전혀 언급하지 않고 있다.

단테는 창세기 1장중 제 6일에 사탄이 창조됐고 창조된 지 10초만에 타락해서 사탄이 됐다고 주장했고 청교도 신학자 밀톤은 물질세계가 창조되기 이전에 모든 영계의 존재들이 창조됐고 그 중에 하나가 타락해서 사탄이 됐으며 영계의 존재들이 창조된 후에 물질세계가 창조되기까지는 상당한 시간적인 간격이 있었다고 설명한다. 이것은 현재 미국에서 많은 학자들이 주장하는 간격론(Gap Theory)과 일치하는 이론이기도 하다.

사람은 종족으로 아담과 하와라는 인류의 조상에게서 출생한 존재들이다. 따라서 모든 인류는 혈연관계를 가지고 있는 종족의 일원으로 "인류의 모든 족속을 한 혈통으로 만드사 온 땅에 거하게 하셨다."(사도행전 17:26)고 지적했다. 이에 반해 천사들은 부모에게서 태어난 것이 아니라 하나님께서 직접 하나 하나 개별적으로 창조하셔서 생긴 존재들이다. 따라서 영계의 존재들은 "무리"라고 부를 수 는 있으나 "종족"이라고 는 부르지 못하는 것들이다.

히브리서 기자는 이 문제에 관해서 다음과 같이 지적했다.

"그 보이는 바가 이렇듯이 무섭기로 모세도 이르되 내가 심히 두렵고 떨린다 하였으나 그러나 너희가 이른 곳은 시온산과 살아 계신 하나님의 도성인 하늘의 예루살렘과 천만 천사와 하늘에 기록한 장자들의 총회와 교회와 만민의 심판자이신 하나님과 및 온전케 된 의인의 영들과 새 언약의 중보이신 예수와 및 아벨의 피보다 더 낮게 말하는 뿌린 피니라." (히브리서 12:21-24)

이상의 성구중 "천만 천사"($\mu\nu\rho\iota\acute{\alpha}\sigma\iota\nu$ $\dot{\alpha}\gamma\gamma\acute{\epsilon}\lambda\omega\nu$)라고 번역된 문구는 천만천사의 무리($\mu\nu\rho\iota\acute{\alpha}\sigma\iota\nu$ $\dot{\alpha}\gamma\gamma\acute{\epsilon}\lambda\omega\nu$ $\pi\alpha\nu\acute{\eta}\gamma\nu\rho\epsilon\iota$)라고 해석할 수 있는 문구로 구성됐는데 제임스 왕의 번역(Authorized Version)에는 셀 수 없이 많은 천사(To an innumerable company of angels…)라고 번역됐다.

부활이 없다고 주장하는 사두개인들이 예수께 나와 그를 시험하는 질문에 대해 예수님께서는 "부활 때에는 장가도 아니가고 하늘에 있는 천사들과 같으니라"(마태복음 22:30)고 답하셨다. 이 한마디 대답 속에는 천사들은 종족이 아니기 때문에 생식 기능이 없음을 명시할 뿐만 아니라 "하늘에 있는 천사"들은 타락하지 않고 원래의 위치를 지키어 하나님의 사역자로 남아 있는 천사들임을 밝히셨다. 가끔 이들의 활동이 하늘을 떠나 인간들과 관련되는 경우는 하나님의 뜻을 실현하거나 그의 명령을 준행하기 위해서이다. 따라서 천사들은 하나님의 뜻에 이탈된 생식행위 같은 것은 생각할 수도 없는 존재들이다. 그렇기 때문에 부모가 없는 천사가 어디서 언제 생겼는가 하는 질문이 꼬리에 꼬리를 물고 일어나는 것이다.

1. 하나님의 아들들이 하나님의 창조 역사를 관찰했다(욥기 38:6-7)

유대교학자들은 물론 많은 신학자들이 "하나님의 아들들"(בְּנֵי הָאֱלֹהִים)이란 천사들에 관한 호칭임을 주장한다. 특히 욥기서 1장과 2장에 하늘에서 소집됐던 회의에 "하나님의 아들들"이 참석했던 사실을 기록하고 있다.

> "하루는 하나님의 아들들이 와서 여호와 앞에 섰고 사단도 그들 가운데 왔는지라(욥기 1:6)". " 또 하루는 하나님의 이들들이 와서 여호와 앞에 서고 사단도 그들 가운데 와서 여호와 앞에 서니"(욥기 2:1)

욥기는 일반적으로 왜 의인이 수난을 받느냐 하는 문제를 해결하기 위해 쓰여졌다고 하나 오히려 욥기서가 기록된 목적은 하나님은 참으로 예배 받기에 합당하신 분이시라는 사실을 증거하기 위해 쓰여진 책이다. 하루는 하나님의 아들들이(브네 엘로힘 천사)라고 불린 존재들과 사탄이 함께 하나님의 존전에 참석하여 하나님과 대화를 했는데 하나님께서 자신은 아무런 조건 없이 예배 받으시기에 합당하신 분이라고 주장하실 때 사탄은 아닙니다, 사람들이 하나님을 예배하는 것은 오로

지 물질적인 축복을 받기 위해서이지 당신이 예배 받기에 합당하신 분이기 때문에 예배드리는 것이 아닙니다라고 반박했다. 그래? 그러면 실험을 해 보자 하고 그 증인으로 시험대에 올려놓은 것이 바로 욥이었다. 이렇게 시험대에 오르게 된 욥은 삽시간에 모든 재산을 다 잃어버렸을 뿐만 아니라 한날 한시에 열 명이나 되는 자녀들이 한자리에서 다 죽는 비참한 일을 당했다. 그러나 욥은 빈손들과 왔으니 빈손으로 돌아가는 것이 합당하다고 하나님을 여전히 예배하고 있었다.

사탄이 두 번째 하나님 앞에 나와서 "욥에게 육신의 건강을 주시니까 아직도 예배하는 것이 아닙니까?" 하고 여전히 트집을 잡았다. 욥의 건강을 뺏어 보십시오 당장에 하나님을 대면하여 욕할 것입니다라고 항의했다. 하나님께서 그러면 건강을 빼앗되 죽이지는 말라고 시험 할 것을 허락하심으로 욥은 무서운 피부병에 걸렸는데 탈무드나 미드라쉬에는 욥이 7년 동안이나 이 피부병으로 고생을 했다고 기록되었으며 일부 학자들은 이 병은 엘레판티아시스(Elephantiasis)라는 일종의 문둥병으로 피부가 코끼리 피부처럼 되는 병이었다고 주장한다. 이런 무서운 피부병으로 잿더미에 앉아 기왓장으로 가려운 헌데를 긁고 있으면 동내 개들이 와서 그의 몸에서 흐르는 피 고름을 핥고 있었는데 이런 비참한 상태에서도 욥이 한번도 하나님을 저주하지 않았다.

그는 이 모든 육체적인 괴로움 위에 자기가 아무리 기도를 해도 마치 하늘에 구리로 문을 해달은 것처럼 하나님께서 자기의 기도에 응답하시지 않으시는 사실 때문에 그의 영혼이 더 괴로운 고통 속에 빠졌다. 찾아왔던 친구들이 이런 수난을

받는 것은 분명히 네가 죄를 지어 하나님께서 주시는 형벌이
니 회개하라고 비난까지 했기 때문에 욥은 억울하고 비통한
상태에 빠져 있었다. 욥은 자신의 육신적인 고통이나 죄를 지
은 것이 분명하니 회개하라고 비난하는 친구들의 몰인정함은
참을 수 있었지만 마치 하늘에 구리문을 해 달은 것처럼 하나
님께서 자신의 간절한 기도에 답하시지 않으시는 사실은 견딜
수 없는 고통이었다. 그래서 욥은 "내가 지은 죄가 없고 진실
된 마음으로 간절히 기도를 하는데 왜 기도도 들어주시지 않
으십니까?" 하고 하나님께 원망하기 시작했다. 이렇게 불평
하는 욥에게 하나님께서 나타나셔서서 대화를 하신 내용이 바로
욥기 38장이다. 피조물인 경우 우주의 모든 질서나 운행을 알
지 못하는 상황에서 서령 인간의 이성으로 이해할 수 없는 고
통을 당했다 할지라도 창조자이신 하나님에게 원망할 자격이
나 권리가 없다고 말씀하시면서 창세기 1장 3 절 이하 지구의
기초를 놓고 질서를 정리하실 때 그 하나님의 하시는 일을 목
격하고 있던 존재들이 있었음을 밝히셨던 것이다.

"너는 대장부처럼 허리를 묶고 내가 네게 묻는 것을 대답
할찌니라. 내가 땅의 기초를 놓을 때에 네가 어디 있었느
냐 네가 깨달아 알았거든 말할찌니라. 누가 그 도량을 정
하였었는지, 누가 그 준승을 그 위에 띄웠는지 네가 아느
냐 그 주초는 무엇 위에 세웠으며 그 모퉁이 돌은 누가 놓
았었느냐 그 때에 새벽별들이 함께 노래하며 하나님의 아
들들이 다 기쁘게 소리하였었느니라. "(욥기 38:3-7)

하나님께서 땅의 기초를 놓고 도량을 정하고 준승을 그 위

에 띄우고 땅의 주초를 놓고 모퉁이 돌을 놓을 때 그 장엄함에 놀라 "새벽별들이 함께 노래하며 하나님의 아들들이 다 기쁘게 소리쳤다는 사실에 의해 새벽별들이나 하나님의 아들들이라고 불린 영계의 존재들은 "태초에 하나님이 천지를 창조하시니라" 고 된 창세기 1장 1절 의 창조시에 이미 창조되었던 존재들이었다고 결론을 내리는 것이 어렵지 않다. 왜냐하면 에덴 동산에는 하나님께서 창조하신 아담과 하와뿐이었고 그 외에는 전부 아담과 하와에게서 출생한 사람들이었지 그 외에 다른 사람은 전혀 없었다. 그렇기 때문에 여기에 하나님의 아들들이라고 불린 존재들은 창세기 1장 1절 하나님이 천지를 창조하실 때 이미 창조됐던 존재들이라는 결론을 내릴 수 있다.

히브리어로 아들(וֵּן)이라는 개념은 생물학적인 개념만이 아니라 창조자와 피조물과의 관계를 설명할 때도 사용되는 호칭이기도 하다. 그뿐 아니라 어떤 때는 정치적인 개념으로도 사용됐는데 예를 들어 앗수리아의 산헤가립이 20만 대군을 동원하고 예루살렘을 포위했을 때 이스라엘 왕이 당신의 아들 나 유다왕 이라고 아부하는 말을 했던 것이 그 좋은 예이다. 따라서 여기에 하나님의 아들들이란 존재들은 생물학적인 관계가 아니고 모든 천사들은 창세기 1장 1절에 이미 개별적으로 창조됐던 존재들임을 강조하는 호칭이다.

창세기 1장 1절은 "태초에 하나님이 천지를 창조하시니라", 고 천지가 창조된 상태를 함축적으로 선포하고 있다. 요한복음 1장 3절에도 "만물이 그로 말미암아 지은바 되었으니

지은 것이 하나도 그가 없이는 된 것이 없느니라" 고 했고 히
브리서 1장 2절 하반절의 "… 또 저로 말미암아 모든 세계를
지으셨느니라" 고 한 성구들은 우주의 창조 과정이나 창조의
시기를 설명하는 것이 아니라 창조된 사실을 사실로 제시하고
있는 성구들이다. 따라서 태초에 천지를 창조하신 그 창조가
언제였는가 하는 문제는 아무도 모른다. 그럴 뿐만 아니라 창
세기 1장 1절에 천지가 창조된 사실을 선포한 후 바로 2절에
는 "땅이 혼돈하고 공허하며 흑암이 깊음 위에 있고…"라고
어조가 바뀌면서 혼돈상태가 조성된 것을 서술하고 있는데 이
혼돈된 상태도 언제 일어났으며 또 얼마나 오랫동안 이런 상
태가 지속되었는가 하는 문제도 정확한 해답은 없다.

이 단계에서 우리가 설명할 수 있는 것은 창세기 1장 1절의
창조는 분명히 창세기 1장 2절의 상태와 같은 혼돈된 창조가
아니었다는 사실이다. 이 문제에 관해서 이사야는 다음과 같
이 말하고 있다. "여호와는 하늘을 창조하신 하나님이시며 땅
도 조성하시고 견고케 하시되 헛되이 창조치 아니하시고 사람
으로 거하게 지으신 자시니라…"(이사야 45:18). 이 헛되이
창조치 아니하셨다는 말은 히브리어 토후(תֹהוּ)에서 번역된
말이다. 이 단어는 창세기 1장 2절의 "땅이 혼돈하고 공허했
다" 토후 와 보후(תֹהוּ וָבֹהוּ)라는 표현과는 정 반대되는 말이
다. 그러면 이사야는 창세기 1장 2절의 땅이 혼돈되고 공허하
고 흑암이 깊음 위에 있었다는 내용과 반대되는 내용을 제시
하는 것인가? 이사야가 "헛되이 창조치 아니하셨다" 고 한 것
은 창세기 1장 1절의 "태초에 하나님이 천지를 창조하신" 상

태를 말하고 있는 것이지 창세기 1장 2절의 상태를 제시하는 것이 아니다. 따라서 창세기 1장 2절의 "혼돈하고 공허한" 상태는 태초에 하나님이 천지를 창조하신 이후 어느 때인가 한 동안의 간격이 있은 후에 빚어진 상태라고 말할 수 있다.

현대 과학자들은 지난 먼 옛날 커다란 유성이 지구를 쳐서 폭발할 때 너무나 강한 힘으로 폭발했기 때문에 아주 고운 가루와 같은 먼지로 산산조각이 나서 구름처럼 대기권을 완전히 덮은 상태로 3-4년이 경과했기 때문에 공룡 같은 짐승들이 다 죽게 되었고 열대식물들이 다 죽었다는 이론을 전개하고 있다.

한편 신적 진화론을 주장하는 사람들은 하나님께서 창조하실 때 진화론적인 방법을 사용하셨고 창세기 1장의 첫째날, 둘째날이라고 부른 그 육일은 지질학적인 시대(Georlogical Age)를 의미하는 것이지 24시간이 아니라고 한다. 이 이론은 그럴 듯하기는 하지만 문제는 저녁이 되며 아침이 되니 첫째날이더라, 저녁이 되며 아침이 되니 둘째날이더라고 저녁과 아침과 연관시켜서 지구가 한번 자전하는 사실에 근거하여 계수하고 있음을 분명히 밝히고 있는 것에 대해 설명할 방법이 없다.

어거스트 합킨스 스트롱(August Hopkins Strong)같은 사람은 창세기 1장 11절에 하나님께서 씨맺는 채소와 과목을 창조하신 것이 아니라"땅 에게 내라" 고 하셨다는 성구를 근거로 신적 진화론을 주장했다.6)

"하나님이 가라사대 땅은 풀과 씨 맺는 채소와 각기 종류
대로 씨 가진 열매 맺는 과목을 내라 하시매 그대로 되어
땅이 풀과 각기 종류대로 씨 맺는 채소와 각기 종류대로
씨 가진 열매 맺는 나무를 내니 하나님의 보시기에 좋았더
라"(창세기 1:11)

이상의 성구는 분명히 하나님께서 땅의 풀과 씨 맺는 채소
등을 창조했다고 하지 않고 땅이 풀과 기타 채소를 냈다고 했
다. 따라서 진화론을 지지하는 듯 한 인상을 주고 있고 이에
따라 하나님이 창조하실 때 진화론적인 방법을 사용하셨다는
이론이 나온다.

이렇게 창조론상 해석하기 어려운 부분들을 상징적으로 해
석해서 신적 진화론을 받아들이면 성경에서 나머지 모든 해석
하기 힘든 부분도 상징적으로 해석해 버리게되는 결과를 가져
온다.

그러나 우리가 취급하려는 문제는 신적 진화론을 떠나 창세
기 1장 1절의 창조시에 미생물을 포함한 일부 동식물이 이미
창조됐었는데 창세기 1장 2절과 같은 혼돈 상태가 이루어졌
고 이로 인해 창세기 1장 1절과 2절 사이에는 시간적인 간격
이 있었다는(간격론 Gap Theory))사실을 증거하려는 것이
다. 그렇지 않으면 창세기 1:11절에 땅이 씨가진 열매 맺는
과목을 내라고 말씀하실 때 땅이 그대로 각기 종류대로 씨 맺
는 채소와 각기 종류대로 씨 가진 열매 맺는 나무를 내었던

---

6) August Hopkins Strong, Systematic Theology: A Compendium 3 vols.
   (Philadelphia: The Judson Press, 1907) pp. 463-469.

사실에 대해 설명할 방법이 없다. 창세기 1장 2절의 땅이 혼돈한 상태에서라도 온도가 적당히 유지된 경우에는 풀 씨나 뿌리 등이 보존될 뿐만 아니라 동물의 알 같은 것도 보존되었다가 하나님께서 지상의 변화를 일으키시면서 명령을 하셨을 때 땅에 보존됐던 풀씨가 발아했고 동물의 알들도 깨어 날 수 있었다는 해석이 가능하다. 그 좋은 예는 3000-3500년 전에 피라밋에 소장됐던 밀알을 지금 심으면 싹이 난다고 한다. 물론 싹이 났다가 열매를 맺도록 성장하지는 못하고 죽기는 하지만 싹이 나는 것은 사실이다.

창세기 1장 1절의 하나님께서 천지를 창조하신 상태는 상당히 오랜 기간 지속되었을 것이다 그러나 창세기 1장 2절의 혼돈한 상태는 그렇지 않다고 보는데 그것은 만약 너무 오래 이런 상태가 지속되었으면 땅이 풀과 씨맺는 채소를 그렇게 오랫동안 보전 할 수 있었겠느냐 혹은 나무 뿌리가 오랫동안 썩지 않고 보전 될 수 있었겠는가 하는 문제 때문에 이 기간을 몇 천년 몇 만년으로 생각하는 것에는 문제가 있다.

위와 같은 이론을 반대하는 사람들 중에 빅톨 레이쳐트(Victor Reichert)는 새벽별들이란 우주 공간에 존재하는 천체들이라고 설명하고 있다. 또 이 새벽별들은 새벽 녘에 밝게 비치는 별들로 이 별들이 지구의 형체를 갖추어 가는 것을 지켜보고 노래했다고 표현함으로 우주의 성계는 이미 창조되어 자신의 위치를 지키고 있었을 뿐만 아니라 창세기 1장 3절 이하의 사건을 관찰하고 있는 존재로 표현했던 것이라고 설명했다.7)

또 다른 학설은 창세기 1장 의 논리적인 발전과정을 보면 혼돈된 상태에 있던 물체를 정리하여 육지와 바다가 구분됐고 육지에 식물이 창조된 후에 동물이 창조됐다고 했으며 그 이후에 더 세부적으로 발전된 형태의 동물을 창조하여 지구에 서식하게 했다고 되어 있는데 이러한 창세기 1장과 2장의 내용에 의한 창조의 순서를 보면 영계의 존재들이 성경에는 언급되지 않았지만 제 6일에 영계의 모든 존재들이 창조될 수밖에 없었다고 주장한다.

이 같은 이론을 받아들이는 경우 그 다음으로 생기는 문제가 사탄의 타락문제이다. 사탄도 영계의 존재인 까닭에 제 6일에 창조됐다고 볼 수밖에 없는데 그렇게되면 사탄이 창조되던 당일에 타락했다는 결론이 나오고 그래서 자연히 사탄은 창조된 후 몇 시간도 못돼 타락해 버렸다는 결론이 나온다. 이런 주장은 성경에 천사들의 창조에 대한 명확한 기록이 없기 때문에 상상과 추측에서 나오는 비성서적인 가설에 불과하다.

2. 기름부음을 받았던 그룹이 에덴동산에 있었음을 지적했다.(에스겔 28:12-19)

"인자야 두로 왕을 위하여 애가를 지어 그에게 이르기를 주 여호와의 말씀에 너는 완전한 인이었고 지혜가 충족하며 온전히 아름다웠도다. 네가 옛적에 하나님의 동산 에덴

---

7) Victor E. Reichert, Job. Revised by A.J. Rosenberg, (New York: The Soncino Press. 1985) p. 197.

에 있어서 각종 보석 곧 홍보석과 황보석과 금강석과 황옥과 홍마노와 창옥과 청보석과 남보석과 홍옥과 황금으로 단장하였었음이여 네가 지음을 받던 날에 너를 위하여 소고와 비파가 예비되었었도다 너는 기름 부음을 받은 덮는 그룹임이여 내가 너를 세우매 네가 하나님의 성산에 있어서 화광석 사이에 왕래하였었도다 네가 지음을 받던 날로부터 네 모든 길에 완전하더니 마침내 불의가 드러났도다 네 무역이 풍성하므로 네 가운데 강포가 가득하여 네가 범죄하였도다. 너 덮는 그룹아 그러므로 내가 너를 더럽게 여겨 하나님의 산에서 쫓아내었고 화광석 사이에서 멸하였도다 네가 아름다우므로 마음이 교만하였으며 네가 영화로우므로 네 지혜를 더럽혔음이여 내가 너를 땅에 던져 열왕 앞에 그들의 구경거리가 되게 하였도다. 네가 죄악이 많고 무역이 불의하므로 네 모든 성소를 더럽혔음이여 내가 네 가운데서 불을 내어 너를 사르게 하고 너를 목도하는 모든 자 앞에서 너로 땅 위에 재가 되게 하였도다 만민 중에 니를 아는 자가 너로 인하여 다 놀랄 것임이여 네가 경계거리가 되고 네가 영원히 다시 있지 못하리로다 하셨다 하라. "(에스겔 28:12-19)

위에 성구에서 말하는 존재는 에덴 동산에 있었다고 했다. 그런데 우리가 잘 알고 있는 대로 에덴 동산에는 분명히 아담과 하와밖에 없었다. 또 이 존재는 부모에게서 출생한 존재가 아니라 하나님의 지으심을 받은 존재라고 했으며 이 존재는 기름 부음을 받은 그룹인데 타락하여 사탄이 됐다고 설명할 뿐만 아니라 지혜가 충족했고 온전히 아름다웠으며 상당한 기간 동안 하나님의 성산 화광석 사이에서 온갖 영화를 누리고 활동을 하고 있었던 존재라고 지적했다. 하나님께서 에덴동산을 지으신 것은 아담과 하와를 창조하시기 전이었다는 사실에 대해 반대이론을 제기할 사람이 없다. 그런데 이 기름부음을 받은 존재를 가리켜 "네가 옛적에 하나님의 동산 에덴에 있어서…"라고 그룹이 에덴 동산에 있었음을 언급하고 있으니 이 존재는 분명히 아담과 하와가 창조되기 이전 그 어느 때에 창조되어 이미 존재하고 있었음을 인정할 수밖에 없다.

이사야는 이 그룹이 타락하여 사탄이 된 과정을 다음과 같이 말했다.

"너 아침의 아들 계명성이여 어찌 그리 하늘에서 떨어졌으며 너 열국을 엎은 자여 어찌 그리 땅에 찍혔는고 네가 네 마음에 이르기를 내가 하늘에 올라 하나님의 뭇별 위에 나의 보좌를 높이리라 내가 북극 집회의 산 위에 좌정하리라 가장 높은 구름에 올라 지극히 높은 자와 비기리라 하도다. 그러나 이제 네가 음부 곧 구덩이의 맨 밑에 빠치우리로다. 너를 보는 자가 주목하여 너를 자세히 살펴보며 말하기를 이 사람이 땅을 진동시키며 열국을 경동시키며 세계를 황무케 하며 성읍을 파괴하며 사로잡힌 자를 그 집으로 놓아 보내지 않던 자가 아니뇨 하리로다 열방의 왕들은 모두 각각 자기 집에서 영광중에 자건마는 오직 너는 자기 무덤에서 내어쫓겼으니 가증한 나뭇가지 같고 칼에 찔려 돌구덩이에 빠진 주검에 둘려 싸였으니 밟힌 시체와 같도다. 네가 자기 땅을 망케 하였고 자기 백성을 죽였음으로 그들과 일반으로 안장함을 얻지 못하나니 악을 행하는 자의 후손은 영영히 이름이 나지 못하리로다 할지니라." (이사야 14:12-20)

청교도 신학자였던 밀톤은 이 이사야 14장 12절로부터 17절까지를 근거로 실락원(Paradise Lost)을 썼다. 밀톤이 신락원을 쓴 이래 누구나 여기에 나오는 "아침의 아들 계명성"(본래의 뜻은 빛나는 자)을 사탄이라고 인정했다. 그런데 이 "아침의 아들 계명성"을 킹 제임스 번역(King James version)에서는 "루시퍼"라고 했고 밀톤은 신락원을 쓸 때 루시퍼라고 번역된 이름을 그대로 사용해서 사탄을 루시퍼라고 부르게 된 것이다.8)

그뿐만 아니라 또 다른 문학작품으로 토스토엡스키가 쓴 카라마조프의 형제 중에서는 이 사탄과 악령을 전혀 구분하지 못한 상태에서 사탄을 지혜로운 영(Wise and Dreaded Spirit of self destruction and non existence, Dread Spirit, Wise and Powerful Spirit 등등)이라고 부르면서 대 박해자(Grand Inquisitor)라는 부분에서 로마 카톨릭 교회가 예수님의 뜻을 받들어서 영혼을 구원하는 복음전파의 사역을 하는 것이 아니라 사탄과 타협해서 정치적으로 세계를 지배하는 무천년설을 선택했다는 상당히 심각한 문제를 다루고 있다.9)

세상의 문학작품이기는 하지만 밀톤은 이사야 14장 12절 이하에 나오는 말씀을 배경으로 실낙원을 쓰면서 여기에 나오는 루시퍼를 사탄이라고 했다. 루시퍼가 악령들을 대동하고

---

8) John Milton, Paradise Lost. G. K. Hunder (Unwin Critical Library) Allen Unwin 1982.

9) Fyodor M. Dostoevsky, The Brothers Karamajov. trans. Andrew H. MacAndrew (New York: Bantham Books, 1970) pp. 298-303.

천국으로 침략해 들어갈 때 처음에는 천사들이 마주 나와서 싸웠으나 진격해 오는 사탄과 악령들을 막아내지 못해서 가브리엘이 나와서 대전을 했다. 그러나 가브리엘도 패전을 했고 나중에는 천사장 미가엘이 나와서 대적을 했어도 또 패전을 했다. 마지막에 그리스도께서 태양과 같은 광명한 빛을 발하면서 나타나니까 루시퍼가 견디지 못하고 하늘에서 떨어졌다고 했다.

밀톤의 실낙원은 서방 기독교권에서는 유명한 문학작품으로 고전화되었기 때문에 신학자들 중에 이사야서 14장 12절 이하가 사탄의 타락에 관한 언급이라는 것에 대해서 감히 이의를 제시하는 사람이 없다. 그뿐만 아니라 성경에는 가끔 예언부분에서 2중 내지 3중 어법을 사용하는 경우가 있는데 이사야서 14장은 3중어법을 사용한 내용으로 제1차 역사적으로는 바벨론 왕에게 해당되는 예언이지만 2차적으로는 바벨론 왕의 배후에서 활동하고 있던 사탄에게 해당되는 예언이며 3차적으로는 종말론적으로 7년 대환란 동안에 활동을 할 적 그리스도 혹은 바벨론 왕이라고 불린 존재에게 해당하는 예언이라는 사실을 일반적으로 받아들인다.

밀톤이 그의 책 실낙원에서 사탄이 전차부대를 이끌고 천국으로 침략해 갔다고 한 것은 순전히 상상과 추측으로 만들어 낸 애기일 뿐이다. 성경에는 사탄이 마음에 하나님과 같이 되겠다는 생각을 했는데 그 생각한 것만으로도 범죄가 성립되어 즉시 하나님의 심판을 받았다고 했다.

그러면 사탄이 이 때에 어디에 있었기에 그 마음속에 하늘에 오르겠다고 계획을 했었는가? 사탄의(루시퍼)출발점은 지구이다. 지구에서 출발하여 자신의 지위를 "지극히 높은 자와 비기리라"(14절)고 표현함으로 자신이 하나님과 같이 되겠다는 계획을 했다. 그래서 사탄은 첫번째로 지구로부터 출발해서 "하늘"에 올라 즉 대기권을 벗어나서 두 번째로 하나님의 뭇 별 위에 자신의 보좌를 높이겠다고 했는데 문자 그대로 성계의 모든 별들 즉 우주 공간을 꿰뚫고 올라가서 세 번째로 나의 보좌를 높이리라 내가 북극 집회의 산 위에 좌정하리라 가장 높은 구름에 올라 지극히 높은 자와 비기리라고 생각함으로 지구로부터는 정 북방 우주 밖 삼층천, 하나님의 보좌가 있고 천군 천사들이 영주하는 천국에까지 올라가겠다는 계획이었던 것으로 해석된다. "구름"(עָב)이라고 번역된 단어는 그 어원이 불분명한 단어인데 게쎄니우스(Gesenius)에 의하면 "어둡다" "검다"는 뜻을 가진 말로 특히 구름이 검은 상태를 서술하는 말이라고 한다.10)

이스라엘의 역사에 보면 이스라엘 백성들이 애급에서 나올 때 하나님께서 밤에는 불기둥으로 낮에는 구름기둥으로 나타나 인도하셨고 나중에 장막을 건조한 후에는 속죄소 위에 영광의 구름으로 좌정하셨었다. 이러한 사실과 관련하여 "가장 높은 구름"이란 유대인들이 여호와 하나님의 현현에 관해 사용한 은어로 해석하여 하나님의 보좌로 보는 경우가 통례였

---

10) William Gesenius, Gesenius' Hebrew and Chaldee Lexicon. trans.,S.P.
     Tregelles,(Grand Rapids: Wm. B. Eerdman's Publishing Company. 1949) p.
598.

다. 따라서 사탄이 가장 높은 구름에 오르겠다고 한 것은 분명히 하나님의 보좌에 자기 위치를 올리겠다는 말로 해석할 수 있다.

이상의 해석을 받아들이는 경우 에스겔서에 기름부음을 받은 그룹이 에덴에 있었다는 사실과 관련하여 사탄의 타락전 위치는 지구였다는 결론을 내리는 것이 무난하다. 사탄은 타락전에 기름부음을 받은 그룹으로 영계의 모든 존재들을 통치했을 뿐만 아니라 우주를 포함한 물질세계를 통치하고 관리하는 위치에 있었다. 동시에 지구는 그들의 본부였던 것 같고 지구를 중심으로 우주 전체와 영계의 존재를 총 관활 하고 있었던 것이다.

다시 말하면 창세기 1장 1절은 하나님께서 영계를 포함한 우주 전체를 질서 정연하게 창조하셨고 그룹은 이 원래의 우주에서 중요한 역할을 담당하는 위치에 있었는데 타락하여 사탄이 되었다. 그뿐만 아니라 타락한 사탄은 자신의 목적을 실현하기 위해 주변의 천사들과 접촉하였는데 천사들 중 정사와 권세 계급의 일부가 사탄의 유혹에 호응하여 함께 타락하여 하나님에게 도전하는 행위에 협조했다.

그럴 뿐만 아니라 사탄이 타락하면서 사탄의 본거지로 사용됐던 지구도 함께 하나님의 심판을 받아 창세기 1장 2절에 서술하고 있는 것처럼 땅이 혼돈하고 공허하며 흑암이 깊음 위에 있어 어디까지가 공기이고 어디까지가 물이고 어디까지가 흙인지를 구분할 수 없이 곤죽과 같은 상태에 들어갔다. 그래서 창세기 1장 1절에 창조됐던 태양이나 달과 별들이 지구 표면에서 볼 때 별로 큰 영향을 미치지 못하고 있다가 창세기

1장 3절에 하나님께서 "빛이 있으라"는 말씀을 하심으로 혼돈상태에 싸였던 지구표면을 점차적으로 정리시키셔서 육지와 물을 나누시고 대기권도 정화되면서 태양 빛이 지구 표면에 영향을 미치기 시작한 것이 첫째날의 사건이고 지구의 환경이 완전히 정리되어 태양과 달과 별들의 정해진 기능이 지구 표면에 발휘되기 시작한 것이 네째날에 성취된 일이라고 볼 수 있다.

창세기 1장 3절 이하의 사건은 자연스럽게 나머지 기록으로 연결되기 때문에 기간적인 간격을 보이지 않고 있음으로 어느 정도 시기에 관한 상상을 할 수 있다. 이러한 이론에 의해 천사들이 창조된 시기에 대한 것은 정확하게는 알 수 없으나 창세기 1장 1절에 포함됐던 사실임이 분명해졌다.

그뿐 아니라 왜 하나님의 신이 수면에 운행하셔야 했느냐 하는 문제가 남아있다.

물론 하나님의 창조시 성령께서 직접적으로 참여하신 사실을 언급하기도 하지만 또 다른 설명은 에스겔서 28장에 사탄은 원래 기름부음을 받은 그룹이라고 지적했는데 "기름부음을 받는 것은 성령의 능력을 받는 것을 의미한다. 사탄은 제일 높은 계급의 그룹으로 성령의 기름 부음을 받아 능력까지 받은 존재로 영계의 모든 존재들을 통치하는 자리에 있었다면 사탄이 심판을 받아 하나님의 성산에서 쫓겨났을 때 그렇게 만만히 물러가지는 않았을 것이다. 하나님께서 지구를 재정리하시고 아담과 하와를 창조하시고 찬란한 인간의 역사를 전개시킬 계획을 세우신 것을 알았을 때 어떤 방법으로라도 그것을 방해하려고 했을 것이다. 그러므로 성령께서(하나님의 신)사탄이 다시 지구를 정령하는 것을 막기 위해서 수면에 운행하시었다고 설명할 수 있다.

D. 천사(영계의 존재)들은 무리일 뿐 종족이 아니다.

인간들은 종족이다. 이 말은 원래 인류의 조상인 아담과 하와에게서 모든 인류가 출생했다는 개념으로 이것은 인류의 단일성 혹은 인류의 통일성을 지지하는 이론이다. 성경을 그대로 믿으면 인간으로 태어난 모든 사람은 아담과 하와의 자손으로 인류 전체가 유기체적인 존재이다. 문예혁명 이후에 진화론이 보편화하면서 인간의 단일성 문제에 대해서 심각한 도전을 했다. 진화론의 이론은 나일강을 중심으로 아프리카인들이 진화됐고 유브라데스 강 유역을 중심으로 백인들, 황하 유역 일대에서 동양인들, 자바 일대에서 해양도서주민들이 각기 개별적으로 진화론적인 과정을 거쳐서 발생했다고 주장했다. 이러한 이론의 발전으로 기독교의 아담의 생물학적인 조상론이 도전을 받게됐다. 원래 생물학적으로 추적할 때 모든 인류는 흑인이나 백인이나 황인종이나 어떤 종족이라도 결과적으로 아담의 자손들인데 후천적으로 기후와 풍습에 의해 피부의 색깔이나 신체 구조상의 변화가 유전인자에 의해서 후천적으로 달라진 것뿐이라는 것이 기독교의 아담의 생물학적인 조상론(Seminal Headship of Adam)이다.

그 외에 이론으로는 아담의 대표조상론이 있다. 성경에 언급된 아담이 인류의 조상이라고 한 것은 아담은 모든 인류를 대표하는 조상이라는 뜻이지 실제로 생물학적인 관계가 있는 것은 아니라는 이론이다. 이 아담의 대표 조상론(Federal Headship of Adam)이라는 개념은 사실상 서방 기독교권에서 식민 정책을 정당화하는 방법으로 만들어낸 이론에 불과하다.

이런 아담의 대표 조상론을 받아들이면 로마서에서 가르치고 있는 한 사람(첫번째)아담을 통해서 죄와 죽음이 들어왔고 한 사람 그리스도(두 번째 아담)를 통해서 생명과 은혜가 인간들에게 주어졌다는 사실을 부인하게되는 심각한 문제가 생긴다. 인류의 조상이 여럿이어서 흑인들의 조상, 백인들의 조상 황인종의 조상이 전부 따로 있었다면 죄 문제나 대속의 몬제를 위해서 그리스도도 흑인종, 백인종, 황인종을 위한 각기 다른 예수 그리스도가 오셨어야 한다는 결론이 나온다.

성경 말씀을 그대로 받아들이면 모든 인류는 아담의 유전인자를 받고 아버지 어머니의 피를 받고 태어났기 때문에 한 개의 종족으로 형성되어 있을 뿐만 아니라 아담의 범죄의 결과는 아담의 혈통을 받고 출생한 모든 인류에게 직접적으로는 죄과가 전달됐고 간접적으로는 죄의 성품이 전가됐다.

천사들은 시집가고 장가가서 아이를 낳는 일은 전혀 없기 때문에 부모에게서 태어나지 않았다. 천사들은 하나 하나를 하나님께서 직접 만들어 내신 까닭에 종족이 아니라 무리이다. 하나님의 아들들이라고 불리는 이유는 하나님께서 천사 하나하나를 직접 창조하셨기 때문에 창조자와 피조물과의 관계를 설명하는 방법으로 하나님의 아들들이라고 부른 것에 불과하다. 인간들처럼 태어날 때부터 원죄(죄과)나 죄의 성품을 가지고 태어나지 않고 개별적으로 창조된 천사를 포함한 모든 영적인 존재들은 타락할 때에도 개별적으로 타락했다. 그러므로 개인적으로 자기가 타락한 문제에 대해서는 자기가 100% 책임을 져야하는 존재들이다.

 인간들인 경우 아담의 죄과와 죄의 성품을 물려받아 태어난 존재인 까닭에 필연적으로 자범죄를 지을 수밖에 없는 존재이다. 그러므로 인간들은 날 때부터 죄과 아래 매어 있고 죄의 성품을 가지고 태어나기 때문에 죄를 안 지을 가능성이 전혀 없이 태어났다. 이렇게 종족으로 태어난 인간들은 아담이 범죄할 때 우리가 아담 안에 생물학적인 실체로 존재하고 있었고 아담의 범죄 행위에 직접적으로 참여했기 때문에 100% 모든 범죄에 대해서도 책임을 져야 하는 것이다.

> "이러므로 한 사람으로 말미암아 죄가 세상에 들어오고 죄로 말미암아 사망이 왔나니 이와 같이 모든 사람이 죄를 지었으므로 사망이 모든 사람에게 이르렀느니라"(로마서 5:12)

 여기에서 모든 사람이 죄를 지었다고 했는데 이것은 원어로는 지나간 과거 어느 시점에 단번에 이루어진 사건을 말한다. 그런데 주어가 모든 사람이다. 어떻게 모든 사람이 지나간 과거에 단번에 이루어진 사건으로 범죄할 수 있었느냐 하는 것은 논리상의 모순이고 문법상 해석할 수 없는 문구이다. 이것을 문법적으로 해석할 수 있는 유일한 방법이 역시 생물학적인 조상론에 근거해서 모든 인류가 다 세포의 일부로 아담 안에 존재했었고 그 존재하는 상태에서 아담의 범죄에 직접적으로 참여해서 타락에 동참했다고 보아야 한다. 그러므로 아담이 범죄한 사실에 근거해서 나는 아담과 똑 같이 처벌을 받아야될 직접적인 책임이 있고 그 결과 육체적인 죽음을 죽을 수밖에 없는데 이것이 죄과(Sin guilt)의 결과이다. 엄격한 의미로 따지자면 사람은 억울하다는 불평을 할 수 있다. 그런 까닭에 하나님께서 사람들에게는 구원의 기회를 주신 것이다. 그러나 영계의 존재들인 경우 개별적으로 선택해서 범죄했기 때문에 구원의 기회를 전혀 허용하지 않으셨다. 그래서 사탄이 개선해서 선한 그룹이 될 가능성이 전혀 없고 악령들이 개선해서 선한 천사들이 될 가능성은 전혀 없다. 그들에게 남아 있는 것은 심판뿐이다.

제 5 장

천사들의 본체

A. 천사들의 본질

1. 천사들은 영적인 존재들이다.

영적인 존재들은 사람의 감관을 통해 보거나 만질 수 없고 시간이나 공간에 제한 받지 않는 존재이다. 천사들의 본질은 영 이어서 시간이나 공간을 초월하는 존재이기는 하지만 천사들은 "피조된 영" 인 까닭에 자존 자생하시는 영이신 하나님의 본질과는 근본적으로 구분돼야 하는 것을 잊지 말아야 한다. 동시에 기억해야 할 것은 천사들의 본질이 "피조물로써의 영" 이라 할찌라도 영적인 존재인 인간들과도 또 구분돼야하는 사실이다. 성경에서 인간들을 하나님의 피조물로서 영적인 존재라고 누누이 강조하고 있다. 그러나 인간들은 그 영혼이 육체와 연합돼있지 않으면 그 생명체가 지상에 존재하는 것이 불가능하다. 물질로 형성된 육체를 가지고 있어 이 육체에 연합되어 존재할 때만 그 영혼도 영혼으로서 우리가 알고 있는 현상의 세계에서 활동하며 의식을 가질 수 있는 것이다. 한편 영적인 존재인 천사는 필요하다고 결정했을 때는 사람의 모습을 포함하여 여러 가지 형태로 나타날 수는 있으나 본질상 시간이나 공간 또는 인간들의 감관의 기능을 초월하여 존재한다.

성경에서 하나님의 본질이나 천사들의 본질 또는 인간들의 영혼 등을 바람 또는 호흡으로 번역할 수 있는 루액(רוח)또는 푸뉴마($\pi\nu\epsilon\hat{\upsilon}\mu\alpha$)로 서술하고 있는 것은 본질상 같은 것이어서가 아니라 삼천년 전 이스라엘 백성들의 언어 구조 또는 이천 년전 헬라인들의 언어와 그들의 의식구조에 자존 자생하시는 영으로써의 하나님의 본질과 피조물로써의 영인 천사들의 본질을 구분할 수 있는 언어가 없었기 때문에 단순히 루액 혹은 푸뉴마라고 했던 것이다.

신구약 성경에서 천사들을 거론할 때 영적인 존재로 취급하고 있는 사실에 대해 긴 설명을 하거나 모든 성구를 다 들어 설명할 필요는 없고 몇 군데 성구만 들어 설명해도 충분할 것이다. 히브리서 기자는 이 문제에 관해

> "모든 천사들은 부리는 영으로서 구원 얻을 후사들을 위하여 섬기라고 보내심이 아니뇨" (히브리서 1:14)

라고 했다. 천사들의 본질이 영 인 까닭에 천사들은 본질상 사람들로부터 구분돼야 한다. 간혹 가다 사람들이 죽어서 그

영이 육체로부터 구분되고 육체는 장사되지만 천국에 간 인간들의 영혼들은 천사같이 된다고 주장하는 사람들이 있었다. 그러나 우리가 성경을 옳게 이해하면 인간들의 영혼과 천사들을 구분해야한다. 인간들이 육체를 가지고 사는 동안은 말할 것도 없거니와 천국에 갔을 때도 본질상 명확하게 구분되는 존재이다. 이같은 문제에 관해 히브리서 기자는 다음과 같이 지적하고 있다.

> "그러나 너희가 이른 곳은 시온산과 살아 계신 하나님의 도성인 하늘의 예루살렘과 천만 천사와 하늘에 기록한 장자들의 총회와 교회와 만민의 심판자이신 하나님과 및 온전케 된 의인의 영들과 새 언약의 중보이신 예수와 및 아벨의 피보다 더 낫게 말하는 뿌리는 피니라." (히브리서 12:22-23)

즉 구원이 완성되어 하늘의 예루살렘에 갔을 때에도 그 곳에는 천사들은 천사들대로 장자들의 총회는 장자들의 총회로 교회는 교회로 온전케 된 의인들의 영은 영대로 별개의 존재로 거하고 있다고 지적했다.

2. 천사들은 죽지 않는다.

> "예수께서 이르시되 이 세상의 자녀들은 장가도 가고 시집도 가되 저 세상과 및 죽은 자 가운데서 부활함을 얻기에 합당히 여김을 입은 자들은 장가가고 시집가는 일이 없으며 저희는 다시 죽을 수도 없나니 이는 천사와 동등이요 부활의 자녀로서 하나님의 자녀임이니라." (누가복음 20:34-36)

이상의 성구는 바리새인들이 예수님을 함정에 몰아넣기 위해 던졌던 질문에 대한 답변으로 하신 말씀이다. 저 세상에 간 죽은 영혼들은 천사들처럼 다시 죽을 수도 없고 장가들거나 시집가는 일도 있을 수 없다고 지적하셨다. 같은 사건을 기록한 마가는 "너희가 성경도 하나님의 능력도 알지 못하므로 오해함이 아니냐 사람이 죽은 자 가운데서 살아날 때에는 장가도 아니 가고 시집도 아니 가고 하늘에 있는 천사들과 같으니라"(마가복음 12:24-25)고 지적했다.

천사(ἀγγελος)라는 단어는 남성 어미를 가진 명사이고 타락하지 않은 천사들이 하늘을 떠나 지상에 와서 인간들의 모습으로 나타날 때 성적인 기능에 참여하지 않는다. 천사들은 그 본질이 인간과는 다른 까닭에 정상적인 생식 활동을 하지 않는다. 이미 지적한대로 모든 천사들은 개별적으로 창조된 존재들이지 부모가 있어서 태어난 존재들이 아니다. 따라서 타락하지 않은 천사들로 하늘의 위치를 지키고 있는 존재들은 죽지 않는 존재들이고 또 생식 기능도 없어 천사들에게는 아버지 어머니가 없고 아들 며느리 손자 손녀도 없는 것이다.

3. 천사들은 품성이 있다

(1) 천사들은 지성을 가졌다.
(2) 천사들은 감정을 가졌다.
(3) 천사들은 의지를 가졌다.

현대 심리학자들이 품성(Personality)에 관한 연구들을 많이 하고 있는데 일반적으로 지성과 감정과 의지 그리고 성향(외향성 내향성)의 네 가지가 품성을 형성하는 근본 요소라고 주장하는 것이 최근 심리학계의 이론이다.[1] 지나간 과거 2000년 동안 기독교가 강조한 품성의 요소는 지성과 감성과 의지였다. 외향성이나 내향성은 지성과 감성과 의지의 표현 양식에 불과할 뿐 지성과 감성과 의지와 대등한 관계로 취급하는 것은 어느 정도 문제점이 있다.

일반적으로 하나님의 품성이나 영적인 존재들의 품성이나 인간들의 품성을 증거할 때 지성과 감정과 의지를 사용할 수 있는 존재이면 자의식을 가진 존재이고 자의식을 가진 존재이면 자신의 행위에 대한 책임을 100% 져야되는 품성적인 존재라고 정의한다.

(1) 천사들은 지성을 가졌다

천사들이 지성을 가지고 있다는 증거로 그들이 미래지사를 알고 있는 사실이 사도행전에서 나타나다. 예수님께서 승천하실 때 제자들이 자세히 하늘을 쳐다보고 있는 것을 보고 그 옆에 서 있던 천사들이 "갈릴리 사람들아 어찌하여 서서 하늘을 쳐다보느냐 너희 가운데서 하늘로 올리우신 이 예수는 하늘로 가심을 본 그대로 오시리라"고 예수님의 재림을 예언했다.(사도행전 1:11)

"… 내 주 왕의 지혜는 하나님의 사자의 지혜와 같아서 땅

---

1) Arnold H. Buss & Robert Plonien, A Temperament Theory of Personality Developement. (New York: John Wiley & Sons. 1975)
   Calvin S. Hall & Gardner Lindzey, Theories of Personality. 2nd ed. (New York: John Wiley & Sons. 1970)

에 있는 일을 아시나이다 하니라. "(사무엘하 14:20f)

"이 섬긴 바가 자기를 위한 것이 아니요 너희를 위한 것임
이 계시로 알게 되었으니 이것은 하늘로부터 보내신 성령
을 힘입어 복음을 전하는 자들로 이제 너희에게 고한 것이
요 천사들도 살펴 보기를 원하는 것이니라. "(베드로전서
1:12)

(2) 천사들은 감정을 가졌다

천사들에게 감정이 있는 증거로 하나님께서 지구를 재정리
하시는 모습을 보고 하나님의 아들들이 다 기쁨으로 소리를
친 사실이 욥기 38장 7절에 기록되어 있고 누가복음 2장
13-14절에는 예수님께서 탄생하셨을 때 천사들이 나타나서
하나님을 찬송했다. 그뿐 아니라 죄인들이 구원받는 것을 보
고 기뻐할 수 있고(누가복음 15:10) 그리스도를 찬양하거나
예배하는 것을 보아 감정을 가진 존재들임을 알 수 있다.(계
시록 5:11-12, 히브리서 1:6)

(3) 천사들은 의지를 가졌다

천사들은 의지가 있어 필요할 때에는 자연을 지배하여 사
방의 바람을 붙잡아 바람으로 하여금 땅에나 바다에나 각종
나무에 불지 못하게 하고(계시록 7:1)불을 다스리거나(계시
록 14:18)물을 다스리는 등(계시록 16:5)자연을 지배할 수
있는 존재들이다. 그뿐만 아니라 천사들은 상황에 따라 자신
들의 태도를 결정하는 의지가 있음을 알 수 있는데 창세기 19
장 1절 이하를 보면 소돔에 이른 두 천사가 롯이 자기 집으로

영접하는 것을 처음에는 거절하면서 "아니라 우리가 거리에서 경유하리라" 하고 말했다가 롯이 간청할 때 태도를 바꾸어 롯의 간청을 받아들이는 결정을 하는 모습을 볼 수 있다.(창세기 19:1-11)

요한이 하늘에서 이루어지는 모든 상황을 다 계시로 보고 나서 너무 감격해서 계시를 보인 천사에게 경배하려 할 때 그 천사는 다음과 같이 말했다.

"이것들을 보고 들은 자는 나 요한이니 내가 듣고 볼 때에 이 일을 내게 보이던 천사의 발앞에 경배하려고 엎드렸더니 저가 내게 말하기를 나는 너와 네 형제 선지자들과 또 이 책의 말을 지키는 자들과 함께 된 종이니 그리하지 말고 오직 하나님께 경배하라 하더라."(계시록 22:8-9) 여기에서 천사는 하나님에게만 경배하라 나는 너와 같은 종에 불과하다는 사실을 밝히면서 요한에게 예배 받을 것을 의지적으로 거절하는 것을 발견한다.

천사들에게 경배하는 것은 우상숭배이다. 영계의 존재들 중에 하나님이 아닌 어떤 존재라도 우리의 예배의 대상이 될 수 없고 찬양의 대상이 될 수 없다. 사도요한은 요한 계시록에 기록된 모든 사건들을 보고 너무도 굉장한 것이었기 때문에 황홀경에 싸여 천사가 요구한 것도 아니지만 천사의 발앞에 경배하려고 엎드렸는데 천사가 말리면서 하나님께만 경배하라고 했다.

만일 우리 주변에 천사가 나타나면 놀라서 기절할 필요도 없고 황겁해 할 필요도 없다. 하나님 아버지의 사역을 하느라고 수고하십니다 하고 태연스럽게 손을 내밀어 악수를 할망정 경악해서 쓰러질 필요도 없는 것이다. 우리는 하나님의 아들 딸 들이고 천사들은 부리는 영으로 우리를 보호하라고 보내신 사실을 기억할 필요가 있다.

천사들은 지성과 감성과 의지가 있는 품성적인 존재인 것을 증명했는데 그들의 성품은 과연 어떤 성품인가? 사람들은 아버지를 닮아서 과격한 성품을 가졌다던가 어머니의 온순한 성품을 타고 났다는 등의 말을 흔히 한다. 부모가 없이 하나 하나 개별적으로 창조된 천사들은 닮은 사람이 없을 테니 어떤 성품을 가졌을까 하는 의문을 품게 된다. 더군다나 정사와 권세 계급에 속한 천사들 중에 일부가 타락해서 하늘에 있는 악의 영들이라고 불리는 어두움의 세상 주관자들이 된 반면에 아직도 자기 위치를 지키고 있는 타락하지 않은 천사들이 있기 때문에(에베소 6:11-12)천사들의 성품에 대해 의문을 품는 것은 당연하다.

타락하지 않고 본래 지음을 받은 그대로 남아있는 천사들은 "거룩한 천사"(마가복음 8:38)또는 "택하심을 받은 천사"(디모데전서 5:21)라고 호칭했다. 거룩한 천사($\dot{\alpha}\gamma\gamma\dot{\epsilon}\lambda\omega\nu$ $\tau\hat{\omega}\nu$ $\dot{\alpha}\iota\gamma\iota\omega\nu$)라는 서술은 이 존재들이 영적인 존재이며 구별된 존재임을 의미한다. 분명히 독자적인 존재 형태를 가지고 있어서 물질세계의 존재로부터 구별되었고 인간들의 죄로부터는 더 말할 것도 없거니와 영계의 존재들 중 타락하여 범죄한 사탄이나 악령들로부터도 완전히 구별돼 있음을 보이고 있다.

"택하심을 받은 천사"($\tau\hat{\omega}\nu$ $\dot{\epsilon}\kappa\lambda\epsilon\kappa\tau\hat{\omega}\nu$ $\dot{\alpha}\gamma\gamma\dot{\epsilon}\lambda\omega\nu$)라는 개념은

특별히 선택된 존재라는 뜻이다. 이 말의 참된 의미는 하나님께서 특별히 선택해서 보호조치를 하지 않으셨더라면 더 많은 천사들이 타락할 뻔했음을 암시한다. 따라서 천사들이라도 기름 부음을 받아 영계의 통치자로 군림했던 그룹인 계명성이 타락한 후에 저들에게 접촉했을 때 그의 유혹이나 제의를 물리칠 만한 의지가 결여된 성품을 가졌던 듯하다. 전지전능하신 하나님께서 역사의 전체 과정을 다 관조하실 수 있는 분으로 영계의 반란과 타락이라는 중대한 사건을 대비하여 유혹될 수 있고 타락할 수 있었던 천사들 중 하나님께서 필요한 천사들을 특별히 선택하시어 유혹에 떨어지지 않도로 보호하셨던 것이 분명하다. 다시 말하면 천사들도 하나님의 보호를 받지 않으면 타락할 수 있는 성품을 가졌다고 말할 수 있다.

4. 천사들은 사람이나 하나님으로부터 완전히 구분된 존재들이다.

사람과 천사는 전혀 종류가 다른 피조물이기 때문에 아무리 착하고 선량한 사람이라도 죽으면 그 영혼이 천사가 되는 법도 없고 천사가 사람이 되는 법도 없다. 사람은 천국에 갔던 지옥에 갔던 어느 때든지 사람으로 남아 있고 천사는 천사로 남아 있다. 똑 같은 이론으로 사람이 악령이 되는 예도 없고 악령이 사람이 되는 예도 없다.

특별히 카톨릭에서는 무죄한 어린아이들이 죽으면 그룹이 돼서 하나님의 보좌를 옹위하고 사역하는 것으로 가르쳐 왔고 또 구원받은 사람들 중에 특별히 선한 생활을 한 사람들은 죽은 후에 천사가 되는 것으로 가르쳐 왔다.

하나님과 사람 그리고 동물의 구분을 강조하지 않는 과정신학에 관련된 사람들은 우주를 하나의 유기체(Organic Concept of Universe)로 생각하는 과정철학의 이론을 그대로 받아들이고 거기에 진화론까지 액면 그대로 받아들여서 사람이 조금 더 진화된 상태가 천사이고 천사가 조금더 진화되면 하나님이라고 생각하여 사람은 본질적으로 천사나 하나님과 별 차이가 없다는 등의 이론을 전개하고 있다. 이러한 영향을 받아 뉴-에이지 운동(New Age Movement)자들이 "모든 사람은 다 하나님이다."라고 큰소리를 치고 있다.

뉴욕에서 모였던 뉴-에이지의 집회에서 유명한 영화 배우 셜리 메크레인이 "나는 하나님이다"라고 선언을 했을 때 어떤 사람이 "내가 보니 당신은 사람이지 하나님이 아닌데 왜 자칭 하나님이라고 하느냐?"고 물으니까 "당신이 하나님으로 발전하지 못한 동물의 단계에 있으니까 이미 하나님이 된 나를 못 알아보는 것뿐이지 나는 하나님이다"라고 대답했다고 한다.[2]

진화론적인 과정을 통해서 특히 영적인 차원에서 성숙한 단계가 되면 자기가 하나님인 것을 의식할 뿐만 아니라 다른 사람들도 다 하나님으로 보인다는 이론을 전파하는 것이 바로 뉴-에이지 운동의 이론인데 이것은 하나도 새로운 이론이 아니라 불교에서도 누구든지 해탈을 하면 생불이 된다고 했다.

---

2) Friedrich Otto, "New Age Harmonies" Time. December 7, 1987 issue. pp. 62-72.

불교에서는 특별히 따로 하나님이 존재하는 것이 아니라 생불이라는 개념이 곧 기독교에서 말하는 하나님이다. 따라서 불교와 기독교를 비교해서 비평하는 사람들이 불교에서는 인간들에게 한계를 주지 않고 무한정 발전할 수 있어서 결과적으로 살아 있는 동안에라도 생불이 될 수 있는 가능성이 있다고 가르치는 반면에 기독교에서는 아담의 자손으로 태어난 사람들은 죄인으로 남아 있을 수밖에 없다고 가르치는 고로 불교가 기독교보다 더 큰 희망을 주는 종교라고 설명하는 사람들이 얼마든지 있다.

만일 사람이 하나님이 되겠다 혹은 천사가 되겠다고 결심을 하고 깊은 참선에 들어감으로 하나님으로 변화되고 천사로 변할 수 있다면 해볼 만한 일이겠으나 현실은 그렇지 못하다. 사람은 사람이고 천사는 천사이고 하나님은 하나님이다.

(1) 천국에 갔을 때도 천사들과 인간들을 분명히 구분하고 있다.

히브리서 12장 22-23절에 보면 "그러나 너희가 이른 곳은 시온산과 살아계신 하나님의 도성인 하늘의 예루살렘과 천만 천사와 하늘에 기록한 장자들의 총회와 교회와 만민의 심판자이신 하나님과 및 온전케 된 의인의 영들과"라고 천만 천사, 장자의 총회, 교회 및 의인의 영들을 전부 구분하고 있다.

(2) 천사들은 영화된 인간들의 영혼이 아니다.

마태복음 22장 30절에서 "부활 때에는 장가도 아니 가고 시집도 아니 가고 하늘에 있는 천사들과 같으니라" 고 기록된 것은 천국에서는 성관계가 없다는 것을 예를 들어 설명하기 위해서 하늘에 있는 천사들과 같으니라고 한 것이지 사람이 천사와 같이 된다는 뜻이 아니다.

(3) 성도들이 승천했을 때 천사들을 심판한다

천사들이 사람보다 더 높은 존재일 텐데 어떻게 성도들이 승천했을 때 천사들을 심판한다는 말인가? 하고 반문할 것이다.

일반적으로 구약의 이스라엘은 하나님의 통치권에 지배되는 하나님의 백성으로 언급되었다. 그러나 교회는 하나님의 지배를 받는 백성으로 언급된 것이 아니라 하나님의 자녀들로 언급됐다. 에베소 2장 11절 이하에서 이스라엘과 이방인의 관계를 설명하면서 이 둘이 중간에 막힌 담이 있어 완전히 분열돼 있었고 서로가 원수가 된 상태였었는데 그리스도께서 오시어서 자신을 희생 제물로 바침으로 이 중간에 막힌 담을 허시고 원수된 것 곧 의문의 속한 계명의 율법을 자기 육체로 폐하시고 이 둘로 자기의 안에서 한 새 사람을 지어 십자가로 이 둘을 한 몸으로 하나님과 화목하게 하시고 하나님의 권속을 만들었다고 했다. 권속은 하나님의 가족이라는 뜻으로 중생한 기독교인들은 하나님의 지배를 받는 백성이 아니라 하나님의 자녀들이다. 그러니까 예수님께서도 내가 이제는 너희를 종이라하지 아니하고 내 형제라고 한다고 하셨다. 하나님의 백성이 아니라 하나님의 아들이요 예수님의 형제라는 것은 너무나 엄청난 진리이기 때문에 사람들이 잘 믿지를 못하는 것이 사실이다.

에베소 3장 4절에서 이 사실을 그리스도의 비밀 혹은 신비라고 말하면서 5절 이하에서 "이제 그의 거룩한 사도들과 선지자들에게 성령으로 나타내신 것같이 다른 세대에서는 사람의 아들들에게 알게 하지 아니하셨으니 이는 이방인들이 복음으로 말미암아 그리스도 예수 안에서 함께 후사가 되고 함께 지체가 되고 함께 약속에 참예하는 자가 됨이라"고 함으로 그리스도와 함께 후사가 됐다고 했는데 이 말은 아버지 하나님의 재산과 영광과 모든 능력을 물려받는 상속권자가 됐음을 의미한다.

또 그리스도와 함께 지체가 됐다는 것은 예수를 믿은 사람들은 믿는 즉시 그리스도 안에 있게 되고 또 그리스도께서 내 안에 계심으로 영적인 유기체를 형성하게 된다는 뜻인데 그렇기 때문에 모든 그리스도의 영광은 나의 영광이고 그리스도의 사역이 내 사역이 되는 것이다. 10절에 "이는 이제 교회로 말미암아 하늘에서 정사와 권세들에게 하나님의 각종 지혜를 알게 하려 하신이니 곧 영원부터 우리 주 그리스도 예수 안에서 예정하신 뜻대로 하신 것이라. 우리가 그 안에서 그를 믿음으로 말미암아 담대함과 하나님께 당당히 나아감을 얻느니라"고 함으로 기독교인들은 하나님의 자녀로 천국의 모든 영광과 권능과 부유의 상속권자가 됨을 밝혔다. 이것이 바로 로마서 8장 15절의 "너희는 양자의 영을 받아 아바 아버지라 부른다"는 말의 내용이다.

정사와 권세들에게 하나님의 각종 지혜를 알게 하려 한다고 함으로 하나님께서 사람들을 구원하시어 자녀를 삼으시는 그의 역사를 보이실 뿐만 아니라 하나님의 자녀가 된 기독교인들이 천사들이라도 판단하는 위치에 있게 됨을 보이시는 것이다.

"우리가 천사를 판단할 것을 너희가 알지 못하느냐 그러하거든 하물며 세상 일이랴"(고린도전서 6:3)

또 한 가지 기억해야 할 것은 고린도 교회는 성경에 언급된 교회중에서 영적으로 성장하지 못하고 분쟁을 일삼는 가장 나쁜 교회의 표본이었다. 그래서 사도바울이 아볼로는 무엇이며 바울은 무엇이며 왜 파당을 지워 싸우느냐, 너희 중에 심지어 음행이 있다 함을 들으니… 우상숭배·후욕·도적·탐색·남색·토색·음식을 가려 먹는 일, 부부 관계 할례문제 우상의 제물, 성찬식, 성령의 은사, 방언 등등의 문제로 들끓는 고린도 교회에 교훈하시기 위해서 고린도전서를 썼다. 그런데 현대 기독교인들은 이 고린도교회에서 있었던 일들을 마치 기독교인들이 모방해야되는 표본인 것처럼 오해를 해시 그 흉내를 내려고 애를 쓰고 있는 것이 사실이다.

고린도전서 5장 1- 3절의 말씀은 한 젊은 사람이 자기 계모와 사는 문제에 대해서 이 같은 일은 이방인들 중에도 없는 일인데 너희가 이것을 묵인할 수 있느냐고 야단을 치시면서 너희가 마지막날에 심지어는 천사들도 심판을 해야될 위치에 있는 사람들인데 지금 현실적으로 바른 신앙생활 하지 못하는 사람들을 교회 안에서 묵인해 두면 장차 무슨 권위로 천사들을 심판할 것이냐는 책망이다. 이 사실에 근거해서 장차 우리가 승천했을 때 천사들을 심판하는 위치에 있게되는 사실을 알 수 있다.

B. 천사들의 나타나는 모습

1. 사람과 같은 모습으로 나타날 수 있다(창세기 18:2)

천사들은 영적인 존재여서 눈으로 볼 수 없고 손으로 만질 수 없는 존재인 것은 여러 번 설명했다. 그러나 필요에 따라 천사들은 사람들에게 자신의 모습을 들어낼 수 있고 직접 공간에 나타나서 물질과 같은 상태에서 물리적인 변화를 일으킬 수 있고 물체와 상관 작용을 일으킬 수 있다. 천사들이 하나님의 뜻을 실현하기 위해 지상에 나타날 때는 사람과 같은 모습으로 나타나서 사람들과 상종한다. 마므레 상수리 수풀 근처에 있던 아브라함에게 나타났던 천사들은 "사람"이라고 표현됐다(창세기 18:2)발을 씻을 필요가 있었고 음식을 먹을 필요가 있는 존재로 보였을 뿐만 아니라 실제로 아브라함이 베푼 잔치음식을 먹었던 것으로 기록됐다.

"여호와께서 마므레 상수리 수풀 근처에서 아브라함에게 나타나시니라 오정 즈음에 그가 장막 문에 앉았다가 눈을 들어본즉 사람 셋이 맞은편에 섰는지라 그가 그들을 보자 곧 장막 문에서 달려나가 영접하며 몸을 땅에 굽혀 가로되 내 주여 내가 주께 은혜를 입었사오면 원컨대 종을 떠나지 마옵시고 물을 조금 가져오게 하사 당신들의 발을 씻으시고 나무 아래서 쉬소서 내가 떡을 조금 가져오리니 당신들의 마음을 쾌활케 하신 후에 지나가소서 당신들이 종에게 오셨음이니이다. 그들이 가로되 네 말대로 그리하라. 아브라함이 급히 장막에 들어가 사라에게 이르러 이르되 속히 고운 가루 세 스아를 가져다가 반죽하여 떡을 만들라

하고 아브라함이 또 짐승 떼에 달려가서 기름지고 좋은 송
아지를 취하여 하인에게 주니 그가 급히 요리한지라 아브
라함이 버터와 우유와 하인이 요리한 송아지를 가져다가
그들의 앞에 진설하고 나무 아래 모셔 서매 그들이 먹으니
라. (창세기 18:1-9)

2. 사람으로 나타나면 흔히 사람과 비슷한 크기로 나타난다(요한계시록 21:17)

천사들이 사람으로 나타나는 경우 사람과 비슷한 키의 존재
로 나타났던 것 같다. 그래서 요한은 그의 계시록에 하늘에서
내려오는 새 예루살렘의 척수를 기록할 때 사람의 척량을 천
사의 척량과 동일한 것으로 말하고 있다.

"그 성곽을 척량하매 일백 사십 사 규빗이니 사람의 척량
곧 천사의 적량이라."(요한계시복 21:17)

3. 어느 때든지 남성으로 나타난다 누가복음(24:4-5)

천사는 남성이다. 일반적으로 천사를 아름다운 여자의 모
습으로 생각하는 경향이 있다. 특히 크리스마스 카드 등에 그
려진 천사의 그림들은 예외 없이 아름다운 여자가 날개를 펴
고 날아다니는 모습이다. 그러나 성경에는 예외 없이 천사는
남성으로 표시했다.

예수님께서 부활하시던 날 아침 무덤에서 예수님의 시체를
찾고 있던 여인들에게 나타났던 천사들은 "찬란한 옷을 입은

두 사람"(ανδρες)이라고 남성 명사를 사용하고 있다. (누가복음 24:4-5)

4. 천사들인 경우 날개가 있는 것으로는 한 번도 언급되지 않았다

성경에는 천사가 날개가 있다는 기록이 전혀 없다. 물론 그룹이나 스랍들은 날개가 있는 존재들이다. 계시록 14장 6절에 날아간다는 표현은 공중 비행하는 것을 의미하는 것이지 날개를 사용하는 것이 아니다.

5. 젊은 모습으로 나타난다 (마가복음16:5)

마가는 막달라 마리아와 야고보의 어머니 마리아 그리고 살로매가 주일 아침에 예수님의 무덤에 갔다가 만난 흰옷을 입은 청년에 관해 다음과 같이 기록하고 있다.

"무덤에 들어가서 흰옷을 입은 청년이 우편에 앉은 것을 보고 놀라매 청년이 이르되 놀라지 말라 너희가 십자가에 못 박히신 나사렛 예수를 찾는구나 그가 살아나셨고 여기에 계시지 아니하니라. 보라 그를 두었던 곳이니라." (마가복음 16:5-6)

이렇게 청년이라고 기록된 존재에 관해 요한복음에서는 천사들이라고 밝히고 있다. 이것은 마가복음과 요한복음이 각기 상충되는 사실을 기록하는 것이 아니라 똑 같은 사건인데 천사가 나타난 모습이 젊은이와 같았기 때문에 마가는 청년이라고 서술했던 것이다.

6. 옷을 입었으면 희고 광채가 나는 것으로 묘사됐다. (마태복음 28:3, 누가복음 24:4)

때로 천사들은 "눈 같이 흰 옷"(마태복음 28:3) 또는 "찬란한 옷"을 입은 것으로 나타난다.(누가복음 24:4) 눈같이 희다든지 찬란한 옷으로 묘사된 물체는 물론 우리가 일반적으로 알고 있는 옷은 아닐 것이다. 아마도 천사들은 인간들에게 자신을 보이는 상황에서 사람과는 구분되어 자신들이 천사인 것을 알리는 동시에 사람들이 공포심에 사로잡히거나 놀래서 기절하지 않도록 옷을 입은 모습으로 나타났었던 것 같다.

그러나 충분한 이유가 있을 때는 보는 사람들이 깜짝 놀랄 정도로 황홀한 모습으로 나타나기도 한다. 마태는 예수께서 부활하시던 날 아침 무덤에 나타난 천사들의 모습을 이렇게 서술했다.

"큰 지진이 나며 주의 천사가 하늘로서 내려와 돌을 굴려 내고 그 위에 앉았는데 그 형상이 번개 같고 그 옷은 눈 같이 희거늘 수직하던 자들이 저를 무서워하여 떨며 죽은 사람과 같이 되었더라 천사가 여자들에게 일러 가로되 너 희는 무서워 말라 십자가에 못 박히신 예수를 너희가 찾는 줄을 내가 아노라."(마태복음 28:2-5)

그 형상이 번개 같다는 표현은 아마도 섬광이 번쩍 번쩍하는 것 같은 상태를 묘사한 것 같다.

7. 초자연적인 현상으로 나타날 수 있다(마태복음 28:3-4, 계시록 18:1)

요한은 계시록 18장 1절에서 천사가 나타나는 또 다른 모습을 다음과 같이 기록하고 있다. "이 일 후에 다른 천사가 하늘에서 내려오는 것을 보니 큰 권세를 가졌는데 그의 영광으로 땅이 환하여 지더라."이는 천사가 나타날 때 그의 영광의 광채로 온 지면을 환하게 비추인 사실을 설명해 주고 있는 것이다.

8. 천사들을 포함한 영계 전체의 숫자

영계의 존재들의 숫자가 얼마나 되는지는 정확하게 알 방법이 없다. 예수님께서 십자가에 달리시기 직전 기도하시기 위해 제자들을 데리고 감람산에 올라 가셨는데 기도를 마치자마자 제사장들과 백성의 장로들이 파송한 큰 무리가 검과 몽둥이를 들고 예수님을 잡으러 올라왔다. 그 때에 베드로가 칼을 휘둘러 제사장 하속의 귀를 잘랐는데 이것을 보신 예수님께서 "네 검을 도로 집에 꽂으라 검을 가지는 자는 다 검으로 망하느니라 너는 내가 내 아버지께 구하여 지금 열 두 영 더 되는 천사를 보내시게 할 수 없는 줄로 아느냐"(마태복음 26:52-53)고 말씀하셨다.

이 당시의 열두 영(레지온)은 로마 군대의 일개 사단에 해당하는 숫자인데 한 레지온은 6천명으로 알려졌다. 6000명을 12로 곱하면 72,000명이 되는데 천사들의 수가 72,000이라기보다는 12를 완전수로 생각하는 유대인들의 관습에 의해 12영도 더 되는 천사라는 말은 상징적인 숫자로 무한히 많은 천사들을 말하는 것이라고 해석하는 것이 옳다.

다니엘서 7장 10절에는 하나님의 보좌 곁에서 수종하는 자가 천천이요 만만 이라고 기록했는데 천을 천곱하면 백만이고 만을 만으로 곱하면 천만이 된다. 천천이요 만만이라는 숫자는 역시 수가 많은 것을 상징적으로 표현한 것에 불과하지 정확한 숫자는 아닐 것이다. 요한 계시록 5장 11절에는 "보좌와 생물들과 장로들을 둘러 선 많은 천사의 음성이 있으니 그 수가 만만이요 천천이라"고 순서가 바뀌어서 기록됐다. 그래서 전체적으로 합하면 숫자적으로는 2천만이라는 계산이 나오는데 이것도 역시 상징적으로 해석해서 수 없이 많은 것으로 해석해야한다. 히브리서 12장 22절에 무수한 천사들이라고 한 것을 보아 셀 수 없이 많은 것을 알 수 있다. 그런데 히브리서 1장 14절에 구원받은 사람이나 구원받을 것으로 예정된 사람에게는 적어도 천사 하나 이상이 파견되어 지키는 작업을 하고 있음을 명시했다. "모든 천사들은 부리는 영으로서 구원 얻을 후사들을 위하여 섬기라고 보내심이 아니뇨" 또 시편 34편 7절도 이와 비슷한 내용으로 "여호와의 사자가 주를 경외하는 자를 둘러 진치고 저희를 건지시는도다."라고 했는데 이 모든 사실을 종합해서 볼 때 천사들의 숫자만 따져도 중생한 기독교인들의 숫자보다는 훨씬 더 많다는 결론이 나온다.

9. 영계의 존재들의 거주처와 그들의 운명

1. 악·령들

1) 일부는 공중에 존재한다(에베소 6:12)

"우리의 씨름은 혈과 육에 대한 것이 아니요 정사와 권세와 이 어두움의 세상 주관자들과 하늘에 있는 악의 영들에게 대함이라 "(에베소서 6:12)

"그 때에 너희가 그 가운데서 행하여 이 세상 풍속을 좇고 공중의 권세 잡은 자를 따랐으니 곧 지금 불순종의 아들들 가운데서 역사하는 영이라"(에베소서 2:2)

악령들을 가르쳐서 하늘에 있는 악의 영들 혹은 공중의 권세 잡은 자들이라고 함으로 그들의 거주처가 하늘이라고 언급돼 있다. 요즘 뉴 에이지 운동 등 U. F. O.의 출현이 계속해서 문제가 되고 타계의 존재들이 지구를 방문하는 것으로 발표되고 있다. 성계에 악령들이나 혹은 영계의 존재들이 거주하고 있을 가능성이 있다고 보는 것은 성경을 통해서도 어느 정도 알 수 있는 일이다. 영계의 존재들은 특정한 온도나 공기를 필요로 하지 않는 존재들이다. 또 공중의 권세 잡은 자들 혹은 하늘에 있는 악의 영들이라는 성구들을 생각할 때 정확한 말을 하는 것은 불가능하지만 성계에 악령들이나 천사들이 얼마든지 자유롭게 왕래할 가능성이 있다. 따라서 U.

F. O. 나 기타 타계의 존재들의 방문 같은 것은 더 정확한 정보가 주어지기 전에는 아마도 영계의 활동이 아니면 악령들의 활동이라고 해석하는 것이 가장 정확한 해석이 될 것 같다.

2) 일부는 무저갱에 갇혀 있다.

유다서 6절에 보면 자신의 위치를 떠난 악령들 즉 허용적인 섭리의 한계를 벗어나 하나님의 섭리를 정면에서 어기고 하나님의 섭리까지도 파괴하려고 했던 극단적인 행동을 한 악령들을 하나님께서 결박해서 무저갱에 가두셨다. 계시록 9:11 은 7년 대환난 후반부에 무저갱에 갇혔던 악령들이 모두 놓여 나와서 많은 사람들에게 혹독한 고통을 주는 것으로 언급되어 있다. 베드로후서 2:4절에도 역시 갇혀 있는 악령들에 관한 언급이 있다.

3) 일부는 지상에서 활동한다(계시록 12:10)

현재 대부분의 악령들은 지상에서 자유롭게 활동하고 있다. 성경을 문자적으로 해석할 때 악령들의 활동을 부인할 방법이 없다. 물론 악령들의 활동은 예수님 당시에 그렇게 심했고 또 요한계시록에 보면 7년 대환란동안 악령들의 역사가 **활발해**지는 것으로 되어 있다. 악령들의 역사는 하나님께서 어느 정도 제압을 하시는데 예수님의 공생애 기간에 악령들의 활동을 허용하셨던 것은 이 악령들의 활동을 통해서 오히려 그리스도께서 구세주이시고 악령들의 세력이라도 견제하실 수 있다는 사실을 보이기 위함이었다.

이미 지적한대로 욥기서에 보면 심지어는 천국에까지도 자유롭게 왕래하면서 욥을 모함했고 요한 계시록 12장 10절에 보면 이들은 밤에도 낮에도 쉬지 않고 형제들을 참소하고 있는 사실이 기록돼 있다.

"내가 또 들으니 하늘에 큰 음성이 있어 가로되 이제 우리 하나님의 구원과 능력과 나라와 또 그의 그리스도의 권세가 이루었으니 우리 형제들을 참소하던 자 곧 우리 하나님 앞에서 밤낮 참소하던 자가 쫓겨났고."(계시록 12:10)

b. 천사들

타락하지 않은 천사들인 경우는 하나님의 사역에 동참하고 있기 때문에 영구적인 거주처가 공중이나 지상이 아니라 천국이다. 그러나 필요할 때 하나님께서 보내시면 어느 때든지 인간세계에 와서 인간들을 돕고 협조할 수 있다. 또 그들은 지상에 그리스도의 몸된 지체로 구성된 교회에 대해서도 지대한 관심을 가지고 관찰하고 있음이 분명하다.

"영원부터 만물을 창조하신 하나님 속에 감취었던 비밀의 경륜이 어떠한 것을 드러내게 하려 하심이라 이는 이제 교회로 말미암아 하늘에서 정사와 권세들에게 하나님의 각종 지회를 알게 하려 하심이니"(에베소서 3:9-10)

c. 영계의 존재들의 운명

선한 천사들은 영원토록 하나님의 나라에서 사역하며 존재한다. 그러나 타락한 영계의 존재들은 심판을 받게 된다.

* 이 문제는 저자의 「사탄 그는 아직도 건재하다」와 「악령론」을 참고할 것

C. 천사들의 능력

1. 천사들은 사람들에 비해 훨씬 큰 능력을 가진 존재들이다.

"주께서 경건한 자는 시험에서 건지시고 불의한 자는 형벌 아래 두어 심판날까지 지키시며 육체를 따라 더러운 정욕 가운데서 행하며 주관하는 이를 멸시하시는 자들에게 특별히 형벌하실 줄을 아시느니라. 이들은 담대하고 고집하여 떨지 않고 영광 있는 자를 훼방하거니와 더 큰 힘과 능력을 가진 천사들이라도 주 앞에서 저희를 거슬려 훼방하는 송사를 하지 아니하느니라."(베드로후서 2:9-11)

베드로는 소돔과 고모라의 심판에 관해 말하면서 "더 큰 힘과 능력을 가진 천사들"에 관해 언급했다. 여기에서 천사들이 가진 힘과 능력은 물리적인 힘을 말하고 있는 것 같다. 예수님께서 장사되셨던 무덤의 문을 막고 있던 큰돌은 한 두 사람의 힘으로는 옮기기 힘들었던 것이 분명하다. 그래서 주님께서 부활하신 아침에 무덤을 방문했던 세 여인들은 무덤 문에서 돌을 옮겨줄 사람이 없는 것을 염려했었다.(마가복음 16:1-6)

그러나 천사들이 이 큰돌을 간단히 옮겨 놓았고 무덤에 들어갈 수 있는 준비가 되어 있었다. 이런 사실을 시편 기자는 "여호와께서 그 보좌를 하늘에 세우시고 그 성전으로 만유를 통치하시는도다 능력이 있어 여호와의 말씀을 이루며 그 말씀의 소리를 듣는 너희 천사여 여호와를 송축하라 여호와를 봉사하여 그 뜻을 행하는 너희 모든 천군이여 여호와를 송축하라"(시편 103: 19-20)고 말했다.

이 시편의 내용에 의하면 천사들은 여호와의 말씀을 성취할 때 능력을 발휘할 수 있는 존재들이다. 천사들은 구태여 물리적인 힘을 사용하지 않고 초자연적인 능력으로 기적을 행하여 자신들의 목적을 달성하는 경우도 흔히 있다. 천사들이 옥에 갇혔던 베드로를 구출해낸 사실에 관해 누가는 다음과 같이 기록하고 있다.

"헤롯이 잡아내려고 하는 그 전날 밤에 베드로가 두 군사 틈에서 두 쇠사슬에 매여 누워 자는데 파수꾼들이 문 밖에서 옥을 지키더니 홀연히 주의 사자가 곁에 서매 옥중에 광채가 조요하며 또 베드로의 옆구리를 쳐 깨워 가로되 급히 일어나라 하니 쇠사슬이 그의 손에서 벗어지더라. 천사가 가로되 띠를 띠고 신을 들매라 하거늘 베드로가 그대로 하니 천사가 또 가로되 겉옷을 입고 따라 오라 한대 베드로가 나와서 따라 갈째 천사가 하는 것이 참인 줄 알지 못하고 환상을 보는가 하니라 이에 첫째와 둘째 파수를 지나 성으로 통한 쇠문에 이르니 문이 절로 열리는지라 나와 한 거리를 지나매 천사가 곧 떠나더라. 이에 베드로가 정신이 나서 가로되 내가 이제야 참으로 주께서 그의 천사를 보내어 나를 헤롯의 손과 유대 백성의 모든 기대에서 벗어나게 하신 줄 알겠노라 하여 깨닫고 마가라 하는 요한의 어머니 마리아의 집에 가니 여러 사람이 모여 기도하더라."(사도 행전 12:6-12)

위의 성구에 의하면 분명히 천사들이 초자연적인 능력으로 베드로에게 매인 두개의 쇠사슬을 힘도 안 드리고 벗어지게 하고 옆에서 자던 두 군사는 물론 두 파수병을 지나고 성으로 통하는 쇠문이 저절로 열리게 하는 등의 초자연적인 능력을 발휘할 수 있었음을 보여주고 있다.

천사들은 그 계급에 따라 능력의 차이가 있는 것 같다. 가 브리엘이 다니엘에게 기도의 응답을 가지고 오다가 바사국군이라고 불리는 악령에게 제지 당해 21일 동안이나 지연되고 있었을 때 미가엘이 와서 가브리엘을 도와 파사국군을 제압해 줌으로 풀려나 다니엘에게 기도의 응답을 전달할 수 있게 됐었는데 이것은 미가엘이 가브리엘보다는 더 위력이 강했음을 암시해준다.(다니엘 10:12-13)

2. 천사들은 탁월한 지성을 가졌다(사무엘하 14:17, 20)

천사들은 인간들보다 머리가 좋다. 다시 말해서 인간들의 지능을 능가하는 지성을 가졌다.

다윗과 압살롬을 화해시키기 위해 고용됐던 드고아의 슬기로운 여인이 다윗왕 앞에 부복하여 압살롬을 예루살렘으로 불러들이기 위해 다음과 같이 다윗에게 호소했다.

"내 주 왕께서 하나님의 사자(천사)같이 선과 악을 분간하심이니이다… 내 종 왕의 지혜는 하나님의 사자(천사)의 지혜와 같아서 땅에 있는 일을 다 아시나이다."(사무엘하14:17, 20)

이 말은 천사들은 선과 악을 구별할 수 있을 뿐만 아니라 땅에 있는 모든 일을 다 아는 탁월한 지성과 지혜를 가진 존재들이라는 것을 증거해준다.

그러나 천사들의 지혜에도 한계가 있다. 천사들의 지혜는 하나님과 같이 전지하지는 않고 그들의 지성은 제한되었음을 마태가 지적했다. 특히 예수님의 재림하실 때와 세상 끝에 무슨 징조가 있겠습니까 라고 묻는 제자들에게 "그 날과 그 때는 아무도 모르나니 하늘의 천사들도, 아들도 모르고 오직 아버지만 아시느니라."(마태복음 24:36)고 대답하심으로 천사들의 지성에 한계가 있음을 말씀해주셨다.

3. 빠른 속도로 움직일 수 있다

천사들은 우주를 가로질러 순식간에 나타날 수 있어 공간의 제약을 받지 않는 존재들이다. "곧 내가 말하여 기도할 때에 이전 이상중에 본 그 사람 가브리엘이 빨리 날아서 저녁 제사를 드릴 때 즈음에 내게 이르더니"(다니엘 9:21)천사들은 하나님께서 원하시는 사역을 이행하기 위해서는 수만 광년의 거리라도 순식간에 왕래하여 자기들의 임무를 성취하는 것을 알 수 있다.

4. 물체화(현현)할 수 있다. 누가복음 2:13

밤에 밖에서 양떼를 지키던 목자들에게 홀연히 많은 천사들이 나타나 예수님께서 탄생하셨다고 기쁜 소식을 전하고 하나님을 찬송하고 떠나 하늘로 올라간 사실이라든지(누가복음 2:8-14)예수께서 승천하시는 모습을 쳐다보고 있는 제자들 곁에 나타났던 천사들(사도행전 1:)그 외에도 천사들은 수도 없이 많은 경우에 필요할 때는 갑자기 나타나고 목적을 달성했을 때는 순식간에 자취를 감추어버리는 사실로 보아 이들은 시간과 공간의 제한을 받지 않고 어느 때든지 현현할 수 있는 존재들임을 알 수 있다.

5. 심판한다 (창세기 19:11)

천사들은 가끔 하나님의 심판을 사람들에게 적응하는 작업을 한다.

창세기 19장 11절 이하에는 소돔과 고모라에 도착한 두 천사가 롯의 가족을 피신시킨 후에 그 성을 유황과 불을 비 같이 내리게 해서 온 성과 들과 그 성에 거하는 모든 백성과 땅에 난 것을 다 엎어 멸한 사실을 기록하고 있다.

사도행전 12장의 사건은 헤롯 안디바스가 자신이 신적인 존재라고 칭송하는 백성들의 환영을 홀로 받았기 때문에 하나님께서 쳐서 죽이신 사실을 기록하고 있다.

"헤롯이 날을 택하여 왕복을 입고 위에 앉아 백성을 효유한대 백성들이 크게 부르되 이것은 신의 소리요 사람의 소리는 아니라 하거늘 헤롯이 영광을 하나님께로 돌리지 아니하는 고로 주의 사자가 곧 치니 충이 먹어 죽으니라."
(사도행전 12:21-23)

6. 자연의 현상을 조정할 수 있다

1) 공기 - 계시록 7:1-3
2) 불- 계시록 14:15 -20
3) 물- 계시록 16:5

천사들은 자연의 현상을 지배할 수 있는 위력을 가지고 있다. 특히 7년 대환란 기간에 이루어질 심판에 관해 요한은 다음과 같이 기록했다.

"이 일 후에 내가 네 천사가 땅 네 모퉁이에 선 것을 보니 땅의 사방의 바람을 붙잡아 바람으로 하여금 땅에나 바다에나 각종 나무에 불지 못하게 하더라 또 보니 다른 천사가 살아 계신 하나님의 인을 가지고 해 돋는 데로부터 올라와서 땅과 바다를 해롭게 할 권세를 얻은 네 천사를 향하여 큰 소리로 외쳐 가로되 우리가 우리 하나님의 종들의 이마에 인치기까지 땅이나 바다나 나무나 해하지 말라 하더라."(요한계시록 7:1-3)

천사들이 이렇게 바람을 붙잡아 매는 일, 즉 공기의 움직임을 중지시키는 위력을 발휘할 뿐만 아니라 피 섞인 우박을 쏟아 붓고 불붙는 큰산과 같은 것을 바다에 던지고 횃불같이 타는 큰 별을 강들과 샘물에 떨어지게 하고 해와 달 그리고 별들이 어둡게 되는 위력을 발하는 사실을 계시록 8장 7절에 언급했다.

"첫째 천사가 나팔을 부니 피 섞인 우박과 불이 나서 땅에 쏟아지매 땅의 삼분의 일이 타서 사위고 수목의 삼분의 일도 타서 사위고 각종 푸른 풀도 타서 사위더라. 둘째 천사가 나팔을 부니 불붙는 큰 산과 같은 것이 바다에 던지우매 바다의 삼분의 일이 피가 되고 바다 가운데 생명 가진 피조물들의 삼분의 일이 죽고 배들의 삼분의 일이 깨어지더라. 셋째 천사가 나팔을 부니 횃불 같이 타는 큰 별이 하늘에서 떨어져 강들의 삼분의 일과 여러 물샘에 떨어지니 이 별 이름은 쑥이라 물들의 삼분의 일이 쑥이 되매 그

물들이 쓰게 됨을 인하여 많은 사람이 죽더라. 넷째 천사가 나팔을 부니 해 삼분의 일과 달 삼분의 일과 별들의 삼분의 일이 침을 받아 그 삼분의 일이 어두워지니 낮 삼분의 일은 비침이 없고 밤도 그러하더라. 내가 또 보고 들으니 공중에 날아가는 독수리가 큰 소리로 이르되 땅에 거하는 자들에게 화, 화, 화가 있으리로다. 이 외에도 세 천사의 불 나팔소리를 인함이로다 하더라.”(요한계시록 8:7-13)

계시록에 나타난 일곱 대접의 심판은 7년 대환난의 마지막 부분에 이루어질 심판에 관한 예언인데 이같은 일곱 대접의 심판도 천사들이 직접 관련된 것으로 기록됐다.

“또 내가 들으니 성전에서 큰 음성이 나서 일곱 천사에게 말하되 너희는 가서 하나님의 진노의 일곱 대접을 땅에 쏟으라 하더라 첫째가 가서 그 대접을 쏟으매 악하고 독한 헌데가 짐승의 표를 받은 사람들과 그 우상에게 경배하는 자들에게 나더라. 둘째가 그 대접을 쏟으매 바다가 곧 죽은 자의 피 같이 되니 바다 가운데 모든 생물이 죽더라. 셋째가 그 대접을 강과 물 근원에 쏟으매 피가 되더라. 내가 들으니 물을 차지한 천사가 가로되 전에도 계셨고 시방도 계신 거룩하신 이여 이렇게 심판하시니 의로우시도다 저희가 성도들과 선지자들의 피를 흘렸으므로 저희로 피를 마시게 하신 것이 합당하니이다 하더라. 또 내가 들으니 제단이 말하기를 그러하다 주 하나님 곧 전능하신 이시여 심판하시는 것이 참되시고 의로우시도다 하더라. 넷째가 그 대접을 해에 쏟으매 해가 권세를 받아 불로 사람들을 태우니 사람들이 크게 태움에 태워진지라 이 재앙들을 행하는 권세를 가지신 하나님의 이름을 훼방하며 또 회개하여 영광을 주께 돌리지 아니하더라. 또 다섯째가 그 대접을 짐승의 보좌에 쏟으니 그 나라가 곧 어두워지며 사람들이 아파서 자기 혀를 깨물고 아픈 것과 종기로 인하여 하늘의 하나님을 훼방하고 저희 행위를 회개치 아니하더라."(요한계시록 16:1-11)

이상에 인용한 성구에서 볼 수 있는 것과 같이 천사들은 물을 관리하고 불을 관리할 뿐만 아니라 천재지변이나 각종 질병들을 동원하여 하나님의 심판을 이 지구상에 실현할 수 있는 위력을 가진 존재들임을 알 수 있다.

제 6 장

천사들의 사역

 천사들의 주업무는 그 이름이 말해 주는 것처럼 천국의 사역자들이다. 하나님께서 원하시는 일이면 무엇이든지 하는 것이 천사들의 중요한 임무이다. 성경에 언급된 천사들의 사역을 하나님과의 관계, 예수 그리스도와의 관계, 국가들에 관련된 사역, 천사들과 하나님의 백성들과의 관계, 천사와 구원받지 못한 세상 사람들과의 관계 등으로 천사들의 사역을 구분해서 연구해 볼 필요가 있다.

A. 하나님과 관계된 천사들의 사역

1. 하나님을 찬양한다 (시편 148:1-2)

 "할렐루야 하늘에서 여호와를 찬양하며 높은데서 찬양할찌어다. 그의 모든 사자여 찬양하며 모든 군대여 찬양할지어다."(시편 148:1-2)라고 시편 기자가 기록했다.

이 시편 기자가 기록한 사건들은 천국을 배경으로 일어난 것인데 천국에서 찬양하고 있는 "사자"라든가 "모든 군대"는 천사들에 관한 호칭이다. 따라서 모든 피조물과 같이 천사들은 하나님을 찬양하는 존재들이다.

2. 천사들은 하나님을 예배한다 (시편 29:1-27)

스랍들이 천국의 예배 행위를 주관한다는 사실을 이미 지적했는데 하나님을 예배하는 것은 스랍들에게만 국한된 사역이 아니라 피조물이면 누구든지 하나님을 찬양해야 하는 존재들이다.

이런 사실을 근거로 시편기자는 "너희 권능있는 자들아 영광과 능력을 여호와께 돌리고 돌릴찌어다 여호와의 이름에 합당한 영광을 돌리며 거룩한 옷을 입고 여호와께 경배할지어다."(시편 29:1-2)라고 지적했다. 권능 있는 자(בְּנֵי אֵלִים)라고 번역된 것은 하나님의 아들들이라는 표현으로 욥기서 1장과 2장 및 38장에서 발견되는 것처럼 천사들에게 붙여진 호칭이다. "거룩한 옷을 입고 여호와께 경배하라"는 표현은 거룩하신 이름을 가지신 하나님께 영광을 돌리라는 표현으로 영광중에 계신 거룩하신 하나님의 모습을 서술하는 말이다. 하나님은 창조주이신 까닭에 피조물에 불과한 천사들이 창조자이신 하나님께 예배를 드리는 것은 당연한 일이다.

3. 천사들은 하나님의 사역을 보면서 기뻐했다(욥기 38:6-7)

창세기 1장 3절 이하에 하나님께서 창조하시는 과정을 지켜보고 있던 존재들이 있었다. 욥기 38장 1-6절 사이에서 이 사실을 서술하고 있는데 하나님께서 땅의 기초를 놓으시고 그 도량을 정하시고 그 준승을 그 위에 띄우시는 등 지구를 정리하시는 작업을 "새벽별들"과 하나님의 아들들이라고 불리는 존재들이 목격하고 있다가 그 장엄함에 놀라 이들이 모두 "노래하며…기쁘게 소리하였었다"고(욥기 38:7) 했다. 사람들은 흔히 토기장이의 손에 들린 진흙이 아름다운 도자기로 변하는 것을 보고 감탄한다던가 미술가의 붓으로 그려지는 한 폭의 아름다운 그림을 보고 감탄사를 발한다. 똑 같은 원리로 "혼돈하고 공허"한 상태에서 물과 흙을 구분할 수 없고 수증기를 구분할 수 없을 뿐만 아니라 흑암이 깊음 위에 있어 어디까지가 공기이고 어디까지가 물이고 어디까지가 흙인지 조차 구분할 수 없는 완전히 곤죽과 같은 상태에서 조금씩 정지돼서 공기도 맑아지고 땅도 가라앉아서 물과 흙이 구분되고 질서와 형태 및 물질계의 조화와 균형을 잡으시고 생명력이 있어 약동하는 세계가 조성되는 것을 보고 너무나 아름다운 장관인 까닭에 이런 능력을 행하시는 하나님의 사역을 보면서 천사들은 기쁨으로 소리칠 수밖에 없었다.

4. 천사들은 천국에서 소집되는 회의에 때때로 참석한다(욥기 1:6, 2:1)

하루는 하늘에서 있었던 회의에 하나님의 아들들이 와서 여호와 앞에 섰고 사탄도 그들 가운데 섰다.(욥기 1:6, 2:1) 이 때 사탄은 일종의 경쟁심을 가지고 하나님은 참으로 예배 받으시기에 합당하신 분이신가 하는 문제를 들고 하나님 앞에 나가 논쟁을 벌렸는데 이 사건에 천사들이 참석하여 참관자로 보고 있었다. 욥기 1장과 2장 그리고 38장을 제외하면 천사들의 태도에 관한 언급이 분명히 나타나지 않으나 수난과 시련을 극복하고 승리하는 욥을 보고 천사들은 하나님은 참으로 예배 받으시기에 합당하신 분이시라는 사실을 배웠던 것 같다.

5. 하나님께서 죄인의 구원을 기뻐하심을 관찰한다.(누가복음 15:1-32)

한 사람이 구원받고 예수를 믿게되는 것에 대해서 지상에서는 별로 대수롭지 않게 생각하지만 오히려 천국에서는 굉장한 사건으로 취급하는 것이 분명하다. 양 100마리 중에 한 마리를 잃은 사람이 양을 찾아 나서는 목자의 모습을 비유로 드시면서 "내가 너희에게 이르노니 이와 같이 죄인 하나가 회개하면 하늘에서는 회개할 것 없는 의인 아흔 아홉을 인하여 기뻐하는 것보다 더하리라." 또 어느 여자가 열 드라크마중에 하나를 잃었다가 찾은 후 이웃을 불러모으고 기뻐하는 모습을 비유로 말씀하시면서 "내가 너희에게 이르노니 이와 같이 죄인 하나가 회개하면 하나님의 사자들 앞에 기쁨이 되느니라"고 천사들이 회개하는 죄인 하나를 보고 그렇게 기뻐한다고 하시면서 이어서 아버지를 거역하고 멀리 떠나갔다가 다시 집으로 돌아왔던 탕자의 비유를 말씀하셨다.

6. 하나님을 위해 봉사한다(시편 103:20)

시편 기자는 "능력이 있어 여호와의 말씀을 이루며 그 말씀의 소리를 듣는 너희 천사여 여호와를 송축하라 여호와를 봉사하여 그 뜻을 행하는 너희 모든 천군이여 여호와를 송축하라"(시편 103:20)고 했다. 21절에 언급된 천군이란 천사들만을 뜻하는 것이 아니라 영계의 모든 존재들 즉 그룹이나 스랍 등 하늘에 있는 영계의 무리 전체에 붙여진 호칭으로 이 모든 존재들은 다 하늘에서 봉사하는 존재들이다.

천사 및 천군들은 첫째로 하나님의 말씀을 성취해 나가는 자들이다. 하나님의 말씀이란 우주 만물을 통치하시는 하나님의 뜻으로 이해해야한다. 이런 뜻에서 여호와의 말씀이 구약에서도 품성화 했고 신약중 특히 요한복음에도 성육신하신 도(λόγος)라고 불렀다.

하나님의 말씀은 우주 전체의 운행의 세부적인 면까지 다 포함한다. 따라서 예수님께서도 산상보훈에서 먹고 마시는 것등 실제적인 생활면에 있어서 염려하지 말고 하나님께 의존하라고 말씀하셨다.

하나님은 천군이나 천사에게 의존하지 않고는 그의 뜻을 실현해 나갈 수 없는 분이신가? 아니다. 하나님은 재미있는 분이시다. 그는 깊고 오묘한 섭리로 영계의 모든 존재들을 창조하신 후에 그가 창조하신 이모든 영계의 존재들을 자신의 섭리의 실현 과정에 직접 참여시키셨다. 모든 피조물을 틀에 박아 찍어내서 기계처럼 움직이게 하신 것이 아니라 오히려 다양하게 그리고 품성적인 존재들로 창조하셔서 자유로운 분위기에서 여유 만만하게 현실 세계를 운행하고 계신 유머가 풍부한 분이시다.

따라서 모든 영계의 존재들 중 타락하지 않고 원래의 거룩함을 유지하고 있는 천군과 천사들은 자유스러운 환경에서 여호와 하나님을 봉사하여 그 뜻을 시행하고 있다.

7. 천사들은 하나님의 사역을 관찰한다 (고린도전서 4:9, 다니엘 4:13)

천사들은 하늘에서 이루어지는 사건들만 관찰하는 것이 아니라 지상에서 일어나는 일에 대해서도 관찰하고 있다. 특히 성도들이 시련을 당하고 수난받는 사건들을 깊은 관심을 가지고 관찰한다.

사도바울은 "내가 생각건대 하나님이 사도인 우리를 죽이기로 작정한 자같이 미말에 두셨으매 우리는 세계 곧 천사와 사람에게 구경거리가 되었노라."(고린도전서 4:9)고 말했다. 우주 만물의 창조자시요 통치자이신 하나님의 사자로 보내심을 받은기독교인들은 으레 하나님의 능력으로 보호를 받고 하나님께 보내심을 받은 자로 영광과 존귀를 받아야하는 존재들이라고 볼 수 있다. 그러나 그리스도께서 수치스러운 십자가의 죽음을 통해 대속의 역사를 성취하셨던 것처럼 성도들도 고통스러운 박해와 고난을 받고 또 그런 고난 중에 십자가의 도가 전파되고 죄인들이 그리스도의 복음을 접할 수 있게 되는 것이 현실이다.

이런 모든 사실이 천사들에게는 이해되지 않는 사건인 것 같다. 그래서 천사들은 교회의 수난과 성도들의 노고를 보고 깊고 오묘하신 하나님의 섭리를 배우고 깨달아 오히려 더욱더 그의 지혜를 흠모하게 되는 것이다. 따라서 기독교인들이 수난과 박해를 받을 때 아무도 돌봐주는 사람 없이 외롭게 버림받은 것처럼 괴로워하겠지만 사실은 천군 천사들이 다 동원이 되어 관찰하고 있을 뿐만 아니라 누가 복음 16장의 부자와 나사로의 비유에 의하면 중생한 사람이 고난을 받다가 죽으면 천사들이 그 영혼을 대동해서 천국으로 안내한다고 했다.

"이에 거지가 죽어 천사들에게 받들려 아브라함의 품에 들어가고…"(누가복음 16:22).

B. 그리스도와 관계된 천사들의 사역

1. 그리스도의 출생을 예언했다(마태복음 1:20, 누가복음 1:26-35)

예수그리스도의 탄생은 인류사에 있어서 특기할 사건으로 지나간 2천년동안 기독교가 전파된 곳이면 어디서나 성대하게 성탄축하를 해왔다. 예수 그리스도의 탄생이야말로 기적 중의 기적이다. 제 2위의 하나님이시요 우주 만물의 창조자이시며 우주를 보존하시는 예수 그리스도께서 친히 자신이 창조하신 피조물의 극히 작은 한 부분인 지구에 그것도 보잘것없는 인간의 모습으로 출생하신 사건은 창조이래 처음 있었던 사건일 뿐만 아니라 특히 영계의 모든 존재들에게 있어 불가사이한 일이었다. 그런데 하나님께서는 이런 기적에 천사들을 직접 관여시키셔서 그리스도의 출생을 예고하는 일부터 시작하셨다(마태복음 1:20, 누가복음 1:23-35).

마태복음 1:16절에 "야곱은 마리아의 남편 요셉을 낳았으니 마리아에게서 그리스도라 칭하는 예수가 나시니라"고 했는데 이것은 헬라어 원어에 의하면 인칭관계대명사가 여자로 되어 있다. 그 "여자에게서"(out of her)라는 대명사를 사용함으로 요셉은 예수님의 탄생과 아무런 상관이 없는 존재임을 문법적으로 분명히 밝혀 예수 그리스도의 처녀탄생을 증거했다. 그것만도 충분한데 19절에 또 보충설명을 하고 있다. "그 남편 요셉은 의로운 사람이라 저를 드러내지 아니하고 가만히 끊고자 하여 이 일을 생각할 때에 주의 사자가 현몽하여 가로되 다윗의 자손 요셉아 네 아내 마리아 데려오기를 무서워 말라 저에게 잉태된 자는 성령으로 된 것이라…"고 했다. 여기에서 말한 의롭다는 개념은 아직 그리스도의 십자가의 사건이 이루어지기 이전이었기 때문에 십자가의 보혈의 피로 의롭다 함을 입은 사실을 말하는 것이 아니라 율법적인 개념으로서의 의로움을 말하는 것이다. 율법적인 개념으로 의로운 사람이라고 한 것은 종교적인 전통과 율법을 철저히 지키는 사람임을 말한다. 그러므로 "의로운 사람이라 저를 드러내지 아니하

고 가만히 끊고자 하여…"라고 한 말은 헬라어의 문법적인 뜻
으로는 이미 두 가지 사실을 결정했다는 뜻이다. 그 결정 중
에서 어떤 것을 선택하느냐만 남았는데 첫 번째는 구약성경의
율법대로는 처녀가 임신을 하면 그 아버지 집 문 앞에 세워놓
고 돌로 쳐죽이는 방법이고 두 번째 방법은 약혼한 상태에서
자기가 관련되지 않은 상태에서 임신 된 것이 드러나면 파혼
을 하는 방법인데 이 두 가지 방법 중에서 돌로 쳐죽일 것이냐
아니면 파혼할 것이냐 하는 것만 생각했다는 뜻이다. 따라서
율법을 어기고 임신한 마리아를 데려다 살 가능성은 전혀 생
각지도 않았다는 것을 밝히는 방법으로 요셉은 의로운 사람,
즉 율법을 잘 지키는 사람이라고 말했던 것이다.

이렇게 확정된 두 가지 문제를 가지고 생각하고 있을 때
천사가 나타나서 마리아가 성령으로 잉태된 사실을 말해주었
다. 천사가 와서 그렇게도 분명히 말해 주었기 때문에 요셉
이 이미 확고히 결정했던 것을 완전히 바꾸어서 마리아를 데
려왔을 뿐만 아니라 마리아가 아들을 날 때까지 그와 동침치
않았다고 기록했다.

2. 그의 출생을 선포했다(누가복음 2:10-15)

그리스도께서 탄생하신 후에 예수님의 탄생을 목동들에게
선포하는 일을 천사들이 담당했다.

3. 위험을 경고하여 피난케 했다(마태복음 2:13.)

그리스도의 출생에 직접 관련되었던 천사들은 그리스도의

성장에도 관련되어 그의 신상에 위험이 다가오다 때 이를 경
고했다. 헤롯이 유대인의 왕으로 나셨다는 아기 예수를 잡아
죽임으로 후환을 없애려 했을 때 이 헤롯의 계획을 천사가
미리 요셉과 마리아에게 경고함으로 애굽으로 피난할 수 있게
도왔다.

4. 필요할 때 도왔다(마태복음 4:11)

예수님께서 광야에서 40일 기도를 마치시고 3차에 걸친 시
험을 이기셨을 때 마귀는 떠나가고 천사들이 나와서 예수님
을 시중들었다고 했다.(마태복음 4;11)

40일을 금식하셨고 사탄과의 세번에 걸친 대결을 하셨던
예수는 육체적으로나 정신적으로 상당히 피곤한 상태에 계셨
을 것이다. 뿐만 아니라 시험에 승리하셨기 때문에 새로운
힘이 나고 정력이 솟아났다기보다는 오히려 허탈감에 사로잡
혀 기진맥진한 상태에 빠졌었을 것을 상상할 수 있다. 이런
때 천사들이 예수님께 나타나 시중 들었다고 한 것은 육신을
지탱하는 일이나 심령의 곤고함을 막는 일 등 실제로 모든 면
에서 필요한 요소들을 잘 알아서 시중 들었다는 뜻으로 해석
할 수 있다.

5. 겟세마네의 기도 시에 도왔다(누가복음 22:43)

그리스도께서 곧 다가올 십자가를 바라보시면서 겟세마네
동산에서 세번에 걸쳐 기도하셨다. 겟세마네의 기도는 그리
스도께서 혼신의 힘을 다해 드렸던 기도이고 심지어는 피하의

모세혈관이 파열되어 땀에 혈구가 섞여 나옴으로 땀이 핏방울처럼 보였던 것으로 누가가 기록하고 있다(누가복음 22:44). 이렇게 격렬한 고통을 당하신 후에 피로가 회복되기 위해서는 상당한 시간이 걸리는 것이 원칙이다. 그러나 예수님께서는 그렇게 한가하게 피로를 회복하실 시간적인 여유가 없으셨다. 곧 잡히셨고 잡히신 후에 밤이 새도록 심문을 당하셔야 할 형편이었다. 이런 각박하고 급한 상황에서 천사들이 하늘로부터 내려와 예수에게 힘을 주고 도왔다고 누가가 지적하고 있다.(누가복음 22:43)

6. 무덤의 돌을 옮겼다.(마태복음 28:2)

삼일 동안 장사되셨던 예수님은 죽음의 권세를 깨뜨리시고 부활하셨다. 부활하신 주님은 부활체를 가지고 계셨기 때문에 물질이나 공간의 제한을 받지 않으셨을 뿐만 아니라 물리적인 제약을 초월하셨던 분이시다. 그래서 문이 닫혔거나 열렸거나 상관없이 자유롭게 왕래하실 수 있으셨다. 따라서 무덤 문을 돌로 막아 놓았기 때문에 나오실 수 없는 분이 아니시다. 마태의 기록에는 무덤의 돌을 옮기기까지 부활하신 예수님이 무덤 안에 갇혔다가 나오셨다고 하지 않았다. 부활하신 예수님은 이미 무덤을 떠나신 후였던 것 같다. 그럼에도 천사들이 동원되어 무덤의 돌을 옮겨놓은 이유는 예수님께서 이미 부활하신 빈 무덤을 제자들에게 보여주기 위함이었다.(마태복음 28:2-3)

7. 부활을 선포했다.(마태복음 28:5-8)

천사들은 무덤의 돌을 옮겼을 뿐만 아니라 기다리고 앉아 있다가 예수님께서 부활하셨다는 사실을 여인들에게 알렸다. 마태는 이 문제에 관해 "천사가 여자들에게 일러 가로되 너희는 무서워 말라 십자가에 못 박히신 예수를 너희가 찾는 줄을 내가 아노라 그가 여기 계시지 않고 그의 말씀하시던 대로 살아나셨느니라 와서 그의 누우셨던 곳을 보라 또 빨리 가서 그의 제자들에게 이르되 그가 죽은 가운데서 살아나셨고 너희보다 먼저 갈릴리로 가시나니 거기서 너희가 뵈오리라 하라 보라 내가 너희에게 일렀느니라."(마태복음 28:5-8)고 기록했다.

8. 그리스도의 대속의 역사에 관심을 가지고 관찰한다.(베드로전서 1:12)

이미 언급한대로 천사들은 종족이 아니고 개별적으로 창조됐고 개별적인 결정에 의해 타락해서 악령들이 됐기 때문에 그들에게는 구원이 허용되지 않았다. 그래서 본래의 거룩한 위치를 버리고 하나님과 적대관계에 들어간 사탄이나 악령들은 다른 방법이 없기 때문에 끝까지 하나님의 사역에 반대하는 일을 하다가 결국은 심판을 받아 유황불 못에 떨어져버릴 것이다.3)

그러나 아담과 하와에게서 태어난 인류는 구원의 기회가 주어졌다. 물론 여러 가지 다른 환경과 지리적인 조건으로 피부

---

3) 김호식, 종말론(서울: 도서출판 1989)

색이나 째임새가 다르고 언어와 풍습이 다른 것은 사실이나 이런 차이는 후천적인 것이고 궁극적으로는 한 혈통을 타고난 한 사람의 후손들이다. 이렇게 한 혈통에서 출생함으로 날 때부터 유전 받은 죄의 성품은 어떤 의미에서는 억울하다고 불평할 수도 있다. 특별히 개인주의사상이 팽배한 현 세대에 아담의 타락에 대한 책임을 져야한다는 것은 받아들이기 힘든 개념이다. 그러나 하나님께서 영계의 존재들에게는 전혀 허락하시지 않은 구원의 혜택을 인간들에 주시기 위해 그의 독생자를 아끼지 않고 보내셨다는 사실을 생각할 때 불평의 여지가 없고 오히려 감사하고 찬송할 일이다. 한편 대속의 혜택권에서 제외된 천사들은 죄진 인간들을 구원하시는 하나님의 구원의 사업을 볼 때 대단히 신비하고 기이하게 보일 뿐만 아니라 이해할 수 없는 사건이기 때문에 깊은 관심을 가지고 관찰하고 있다.

> "믿음의 결국 곧 영혼의 구원을 받음이라 이 구원에 대하여는 너희에게 임할 은혜를 예언하던 선지자들이 연구하고 부지런히 살펴서 자기 속에 게신 그리스도의 영이 그 받으실 고난과 후에 얻으실 영광을 미리 증거하여 어느 시, 어떠한 때를 지시하시는지 상고하니라. 이 섬긴 바가 자기를 위한 것이 아니요 너희를 위한 것임이 계시로 알게 되었으니 이것은 하늘로부터 보내신 성령을 힘입어 복음을 전하는 자들로 이제 너희에게 고한 것이요 천사들도 살펴보기를 원하는 것이니라." (베드로전서 1:9-12)

천사들뿐만 아니라 구약의 선지자들도 장차 이루어질 이 구원에 관해 계시를 받고 예언을 하기는 했으면서도 이런 구원의 역사가 어떻게 가능하며 언제 성취될 것인지를 알지 못해 연구하고 부지런히 살펴보았던 것이다.

9. 그리스도의 재림을 예언했다(사도행전 1:10-11)

사도행전 1장 10절에는 천사라고 하지 않고 사람들이라고 복수로 되어 있으나 그 상황이 천사 이외에 다른 사람일 수는 전혀 없는 상황이다. 이들이 그리스도의 재림을 다음과 같이 예언했다."… 흰 옷 입은 두 사람이 저희 곁에 서서 가로되 갈릴리 사람들아 어찌하여 서서 하늘을 쳐다보느냐 너희 가운데서 하늘로 올리우신 이 예수는 하늘로 가심을 본 그대로 오시리라."(사도행전 1:10-11)이렇게 그리스도께서 승천하신 바로 그 자리에 예수님께서 재림하실 사실은 스가랴 14장 4절에 이미 예언됐던 사실이다. "그 날에 그의 발이 예루살렘 앞 곧 동편 감람산에 서실 것이요…"

스가랴는 곧 이어서 예수님이 승천하셨던 감람산 바로 그 자리에 재림하시는 예수님의 발이 터치다운할 때 생길 사건들을 다음과 같이 서술했다. "…감람산은 그 한 가운데가 동서로 갈라져 매우 큰 골짜기가 되어서 산 절반은 북으로, 절반은 남으로 옮기고 그 산골짜기는 아셀까지 미칠지라…"(스가랴 14:4)

예수님의 발이 감람산에 닿는 순간 그 일대에 지진이 일어나서 예루살렘 주변의 모든 산이 완전히 붕괴되어 동서로 남북으로 갈라져서 해안선이 늘어나고 지형의 대 변화가 일어날 것을 예언했고 그 때 예루살렘에서 생수가 강같이 솟아나서 일부는 동쪽으로 홀러 요단강을 거쳐서 사해로 들어가 사해가 살아있는 물로 변할 것이고 일부는 서쪽으로 홀러 들어가 지금의 네겝 지방 시내반도로 홀러 들어가서 이 지방이 부들이 나는 비옥한 땅으로 변화될 것을 예언했다. 수년 전까지만 해도 이렇게 예루살렘의 지형이 변화될 것에 대한 성경말씀에 대해서는 일종의 잠꼬대라고 비웃었다. 그런데 지금 이스라엘에서 신비중 신비라고 말하고 있는 사실중에 하나는 현재 이스라엘이 일년에 사용하고 있는 식수나 농사짓는데 쓰고 있는 물의 양은 계산상 일년강우량과 갈릴리 바다에서 채수할 수 있는 물의 분량보다 2배 내지 3배가 더 많다는 사실이다. 그러면 실제 계산보다 2-3배 더 되는 이 물이 어디에서 나오는 것인가? 이런 수수께끼 같은 사건은 어디에선가 생수가 솟고 있다는 결론이 나오는데 그러면 그 수원지가 어디인가 하는 것이 그 다음문제이다. 생물학자들의 조사에 의하면 나일강 상류에만 살고 있는 피라미 같은 작은 고기가 있는데 이 물고기는 나일강 상류 외에는 세계 다른 어느 곳에도 없는데 유독 갈릴리 바다에는 이 고기가 있다고 한다. 그 사실에 근거해서 나일강 상류지방과 갈릴리 바다가 연결된 지하수로가 있는 것 같다고 추측하고 있다.

1970년대에 하라데인 인(Holyday Inn)에서 예루살렘에 대 호화판 고층 호텔을 짓기 위해 지질검사를 한 결과 예루살렘 성이 건축되어 있는 암반 지칭에 금이 가 있는 것을 발견하고 대 자본을 투자해서 고층건물 짓는 일을 중지한 사실이 발표됐었다. 이런 모든 사실들을 종합해 볼 때 스가랴가 예언한

대로(스가랴 14:4-)예수님께서 지상에 재림하실 때 지진이 일어나 예루살렘 성이 건설된 암반이 동서로, 남북으로 갈라져서 그 일대가 다 평야지대로 변화될 것이고 예루살렘 성전 뜰에서 생수가 강같이 퀄퀄 흘러나올 것이다. 최고로 발달된 근대 과학문명이 오히려 이러한 사건이 일어날 가능성을 시인하게 되었는데 이 모든 것은 사도행전 1장 11절에 천사들이 예언한 그대로 예수님께서 재림하실 자리는 공중으로 승천하실 때 서 계시던 감란산 바로 그 자리라는 사실을 증거해준다.

10. 재림하실 때 동행한다(마태복음 25:31, 마가복음 8:38)

천사들은 장차 예수님께서 재림하실 때 예수님을 옹위해서 오는데 천사장 미가엘의 나팔소리와 함께 거창하게 재림하실 것을 성경에서 여러 번 언급했다. 전능하신 하나님께서 하시는 일에 구태여 보조역을 하는 천사들이 따라와야 할 필요가 있는가 하는 의문이 생기나 실제로 재림하시는 그리스도께서 천사들을 대동하고 오시는 것은 천사들의 도움이 필요해서가 아니라 오히려 모든 인간들이 오시는 그리스도를 옳게 분별하고 적절한 태도를 취할 수 있게 준비시키시기 위함인 것이다.

그럴 뿐만 아니라 종말론적으로 중요한 천사들의 사역은 그리스도께서 재림하실 때 전 세계에 흩어져 있는 이스라엘을 약속의 땅 가나안으로 모으는 일이다. 이 사건을 바로 이해하기 위해서는 먼저 팔레스틴 성약의 내용을 이해해야 한다. 원래 하나님께서 아브라함을 갈대아 우르에서 불러내셨을 때 아브라함과 그의 자손들에게 약속하셨던 거주의 영역이 애굽

강에서 유브라데스 강까지의 사이였다.

"그 날에 여호와께서 아브라함으로 더불어 언약을 세워 가
라사대 내가 이 땅을 애굽 강에서부터 그 큰 강 유브라데
까지 네 자손에게 주노니 곧 겐 족속과 그니스 족속과 갓
몬 족속과 헷 족속과 브리스 족속과 르바 족속과 아모리
족속과 기르가스 족속과 여부스 족속의 땅이니라 하셨더
라."(창세기 15:18-21)

이렇게 애굽강(나일강)으로부터 유브라데스 강 사이의 모
든 땅을 아브라함과 그 자손에게 주시마고 약속하신 하나님께
서는 출애굽시 가나안 땅으로 들어가려는 이스라엘에게 가나
안 땅에서 복을 받으며 살 수 있는 조건을 다시 한번 제시하셨
다.
신명기 27장으로부터 30장까지의 말씀을 정리하면;
(1) 하나님의 말씀을 삼가 듣고,
(2) 그의 명령을 지키면(신명기 28:1),
하나님의 무한하신 축복을 받아 번성하는 나라가 되고 적국
의 침략시에 하나님께서 보호하실 것이요 물질적으로도 부유
하게 잘 살 것이라고 약속했다.(신명기 28:7)
반면에 하나님의 말씀에서 떠나 좌로나 우로나 치우치고 우
상을 섬기고 하나님과의 약속을 어기면(신명기 28:14)처벌
하실 뿐만 아니라 이웃나라들의 침략을 받아 나라를 지탱하지
못하고 망하여 백성들이 온 천하 만국에 분산될 것이라고 예
언하셨다.
그러나 범죄하여 만국에 흩어져 살고 있는 중에 이스라엘
백성들이 다시 하나님의 말씀을 순종케 될 것이며 그렇게 다

시 회개하고 하나님께로 돌아오면 하늘가에까지 쫓겨갔을지라도 다시 모으시겠다고 약속하셨다. "여호와께서 너를 흩으신 그 모든 백성중에서 너를 모으시리니 너의 쫓겨간 자들이 하늘가에 있을지라도 네 하나님 여호와께서 거기서 너를 모으실 것이며 거기서부터 너를 이끄실 것이라."(신명기 30:3-4)고 약속하셨다.

하늘가에까지 흩어진 이스라엘 백성을 마지막 때에 모으는 것은 천사들의 역할이다. "그 날 환난 후에 즉시 해가 어두워지며 달이 빛을 내지 아니하며 별들이 하늘에서 떨어지며 하늘의 권능들이 흔들리리라 그 때에 인자의 징조가 하늘에서 보이겠고 그 때에 땅의 모든 족속들이 통곡하며 그들이 인자가 구름을 타고 능력과 큰 영광으로 오는 것을 보리라 저가 큰 나팔소리와 함께 천사들을 보내리니 저희가 그 택하신 자들을 하늘 이 끝에서 저 끝까지 사방에서 모으리라.(마태복음 24:29-31)이상의 성구는 신명기 30장 4절의 말씀과 그 내용이 같은 말씀인 것으로 해석할 수 있다.

마지막 예수님의 재림시 동서남북 온 천하 구석구석에서 모든 이스라엘 백성들이 비행기나 로케트를 타고 오던지 아니면 천사들에게 옹위되어 공중 비행을 해서 약속의 땅 가나안을 향해 날아올 것이다. 이같은 사건은 교회에 적용되는 성구가 아니라 교회는 이미 휴거되어 가고 나서 이스라엘 백성들이 어렵고 무서운 칠년대환란을 거친 후에 이루어질 사건이다.4)

11. 그의 원수들을 심판하신다 (데살로니가 후서1:6-8)

---

4) 김호식, 종말론

예수님께서 재림하실 때 능력의 천사들을 대동하고 불꽃중에 하늘에서 나타나셔서 그의 원수들을 심판하시는 일에 참여케 하신다.

"너희로 환란받게 하는 자들에게는 환난으로 갚으시고 환란 받는 너희에게는 우리와 함께 안식으로 갚으시는 것이 하나님의 공의시니 주 예수께서 저의 능력의 천사들과 함께 하늘로부터 불꽃중에 나타나실 때에 하나님을 모르는 자들과 우리 주 예수의 복음을 복종치 않는 자들에게 형벌을 주시리니."(데살로니가 후서 1:6-8)

하나님을 모르는 자들과 예수 그리스도의 복음을 복종치 않는 자들을 형벌하시는 일을 천사들이 담당할 텐데 천사들의 이런 활동은 궁극적으로 다가오는 그리스도의 메시야 왕국을 위한 준비과정의 하나이기도 하다.

12. 그리스도의 나라를 위해 준비한다(마태복음 13:39-40)

사도행전 15장의 기록을 보면 예루살렘 교회에 신학적인 문제가 발생했는데 그것은 도대체 이 새로 발생한 교회가 무엇이냐 하는 문제였다. 처음 교회가 형성되어 유대인 중심으로 남아 있던 예루살렘 교회시대에는 별 문제가 없었으나 교회가 확장됨에 따라 이방인들이 많이 몰려들기 시작해서 나중에는 교회의 인원 구성이 유대인보다 이방인의 숫자가 훨씬 많아져 버렸다. 이사야 60-61장에는 천년왕국에 일부 이방인이 들어오기는 하나 이방인들은 그들의 성벽을 쌓는 일을 할 것이요 그 왕들이 유대인들을 봉사하고 또 양떼를 치거나 농부와 포도원지기가 될 것이라 했지 이방인이 다수가 되리라고 하지 않았다. 그런데 사도행전 15장의 기록에 의하면 이방인이 교회의 다수가 되어 버렸기 때문에 예루살렘 교회에 심각한 문제가 생겼던 것이다. 그래서 이 교회란 무엇이냐? 이 교회가 메시야 왕국의 실현이냐 아니냐? 하는 문제로 제 1차 예루살렘 교회 공회의가 소집되었다. 이 회의에서 야고보가 결론을 내린 것이 교회는 메시야 왕국이 아니고 하나님께서 이방인중에서 자기 이름을 위한 백성을 부르시는 기간이다. 그러므로 율법을 지키거나 할례를 받으라고 요구할 필요가 없다고 교리 문제를 설명해 주었다.

물론 야고보가 신학적으로 교리를 정리해서 설명해 주었다고 해서 문제가 완전히 해결되지는 않았다. 교회내에서는 계속해서 수많은 유대인들이 교회가 메시야 왕국이냐 아니냐 하는 문제로 들끓고 있었다. 이러한 끝없는 신학적인 문제를 다루기 위해 마태가 그의 복음서를 기록했는데 그 주제를 다윗의 자손으로 오신 메시야의 사역과 아브라함의 자손, 즉 온 인류를 위한 구세주로 오신 그리스도의 사역을 완전히 구분해서 기록했다.

다윗의 자손으로서 그리스도의 사역은 이스라엘의 왕 메시야이시다. 이스라엘의 왕 메시야로 오셨다는 사실을 설명하는 방법으로 : 1장 왕으로 오신 분의 족보, 2장 왕으로 오시는 분의 출생, 3장 왕의 선주자, 4장 왕의 법적인 자격(시험을 극복하심), 5-7장 왕의 선포(산상보훈), 8-12장 왕의 표적(구약에 예언됐던 메시야의 표적) 등을 차례로 제시하여 서

령했다.

이스라엘 백성들은 마태복음 12:22절 이하부터 결정적으로 예수를 메시야로 받아들이지 않고 바알세불의 힘을 입어서 표적을 행한다고 배척하기 시작했다. 예수님의 초창기 사역 때는 제사장 계급, 서기관들 그리고 바리새인들이나 사두개인들이 철저하게 예수님을 배척했으나 '무리'라고 불린 일반 백성들은 예수님을 영접했고 따라 다녔었다. 그런데 12장 22절 이후에 무리들이 예수님을 배척한 사건이 일어났다. 12장 23절에 "이는 다윗의 자손이 아니냐… "라고 우리말로는 다윗의 자손인것을 인정한 질문인 것처럼 번역됐지만 헬라어 원문의 문법 구조상 "이 사람이 다윗의 자손일 수가 없지 않으냐?"라고 부정적인 답을 요구하는 질문을 했다. 백성들은 이미 예수는 메시야로 오신 분이 아니라고 마음속으로 부인하고 배척했기 때문에 이런 질문을 했던 것이다. 따라서 이때를 시점으로 해서 예수님의 사역의 방향은 완전히 진환돼서 이제부터는 만인의 구세주로 사역하시기 시작하셨다.

마태복음 16장에서 28장에는 예수 그리스도가 아브라함의 자손으로 만인에게 하나님의 축복을 가져오는 구세주로(창세기 12:1-3, 22:17-18) 오신 것을 설명하고 있다. 갈라디아서 3:16절에 아브라함의 씨는 여러 사람을 말하는 것이 아니라 한 사람 그리스도를 말하는 것이라고 하면서 3:24절 이하에서 "…믿음으로 하나님의 아들이 되었으니 누구든지 그리스도와 합하여 세례를 받은 자는 그리스도로 옷입었느니라 너희는 유대인이나 헬라인이나 종이나 자주자나 남자나 여자 없이 다 그리스도 예수 안에서 하나이니라"고 말함으로 기독교 회가 아브라함의 우주적인 축복의 상속권자가 된 사실을 밝혔 다.

마태복음 13장에서 15장까지는 예수님의 사역의 변화를 설명하는 장으로 변화된 상태의 메시야 왕국을 설명하는 장이 다. 그래서 이 교회를 메시야 왕국의 변화된 한 현상으로 비 밀 혹은 신비(Mystery of the Kingdom of Heaven)라고 한다. 예수님게서는 애초에 건설하시려던 메시야 왕국과 본 질적으로 차이가 있는 교회가 형성될 것을 예언해 주시면서 이 교회를 설명하는 방법으로 7개의 비유를 드셨다.

씨 뿌리는 비유와 가라지의 비유는 천국복음의 전파를 의미 하며 누룩과 계자씨의 비유는 교회가 서서히 성장할 것을 설 명한다. 보화와 진주의 비유는 교회에 유대인이나 이방인이 다 같이 포함될 것을 보여주는 비유이고 물고기의 비유는 마 지막 심판에 관한 비유이다.

그중에 마태복음 13장은 가라지의 비유인데 추수할 때 추 수꾼이 천사들이라고 말했다. 교회 시대 마지막날에 밭에 뿌 려 알곡과 함께 자란 믿지 않는 사람들(가라지)을 심판하시는 하나님의 심판을 집행하는 것이 바로 천사들인 사실을 비유를 통해 설명하셨다.(마태복음 13:39)

13. 그리스도를 찬양하며 예배한다(요한게시록 5:11-12, 허브리서 1:6)

(a) 그리스도는 영계 존재들의 창조자이다. (골로새서

1:16-17)

피조물인 영계의 존재들이 그들의 창조자이신 그리스도를 찬양하며 예배하는 것은 하나도 이상할 것은 없는 일이다.

"만물이 그에게 창조되되 하늘과 땅에서 보이는 것들과 보이지 않는 것들과 혹은 보좌들이나 주관들이나 정사들이나 권세들이나 만물이 다 그로 말미암고 그를 위하여 창조되었고 또한 그가 만물보다 먼저 계시고 만물이 그 안에 함께 섰느니라."(골로새서 1:16-17)

(b) 그리스도는 도성 인신하신 동안 유한한 육체를 가지셨다는 면에 있어 천사보다 낮은 위치에 있었다. 히브리서 2:5-9

천사보다 약간 못하게 하셨다는 것은 유한한 육체를 입으시고 도성 인신하시어 죄인을 구원하시는 사역을 하신 33년 동안은 공간의 제한을 받았다는 면에서 천사만 못한 상태에 있으셨던 것을 말한다.

"하나님이 우리의 말한 바 장차 오는 세상을 천사들에게는 복종케 하심이 아니라 오직 누가 어디 증거하여 가로되 사람이 무엇이관대 주께서 저를 생각하시며 인자가 무엇이관대 주께서 저를 권고하시나이까 저를 잠깐 동안 천사보다 못하게 하시며 영광과 존귀로 관 씌우시며 만물을 그 발 아래 복종케 하셨느니라 하였으니 만물로 저에게 복종케 하셨은즉 복종치 않은 것이 하나도 없으나 지금 우리가 만물이 아직 저에게 복종한 것을 보지 못하고 오직 우리가 천사들보다 잠깐 동안 못하게 하심을 입은 자 곧 죽음의 고난 받으심을 인하여 영광과 존귀로 관 쓰신 예수를 보니 이를 행하심은 하나님의 은혜로 말미암아 모든 사람을 위하여 죽음을 맛보려 하심이라." (히브리서 2:5-9)

  (c) 대속의 역사 이후 그리스도는 영계의 모든 존재보다 높은 위치에 계시다(베드로전서 3:22, 빌립보서 2:9-11)

사람들을 죄에서 구원하시기 위해 잠시 인간의 몸을 입고 이 세상에 오셨던 예수 그리스도께서 십자가의 구속의 역사를 완성하시고 부활 승천하신 뒤에는 하나님 우편에 계시면서 영계의 모든 존재들을 통치하시고 심판하시는 위치에 계신다.

"저는 하늘에 오르사 하나님 우편에 계시니 천사들과 권세들과 능력들이 저에게 순복하느니라." (베드로전서 3:22)

"사람의 모양으로 나타나셨으매 자기를 낮추시고 죽기까지 복종하셨으니 곧 십자가에 죽으심이라 이러므로 하나님이 그를 지극히 높여 모든 이름 위에 뛰어난 이름을 주사 하늘에 있는 자들과 땅에 있는 자들과 땅 아래 있는 자들로 모든 무릎을 예수의 이름에 꿇게 하시고 모든 입으로 예수 그리스도를 주라 시인하여 하나님 아버지께 영광을 돌리게 하셨느니라." (빌립보서 2:8-11)

"또 맏아들을 이끌어 세상에 다시 들어오게 하실 때에 하나님의 모든 천사가 저에게 경배할찌어다." (히브리서 1:6)

"내가 또 보고 들으매 보좌와 생물들과 장로들을 둘러선 많은 천사의 음성이 있으니 그 수가 만만이요 천천이라 큰 음성으로 가로되 죽임을 당하신 어린 양이 능력과 부와 지혜와 힘과 존귀와 영광과 찬송을 받으시기에 합당하도다 하더라."(요한계시록 5:11-12)

영계의 존재들은 예수 그리스도께서 자기들을 창조하신 이유 하나만으로 그를 찬양하고 예배하는 것은 아니다. 예수그리스도의 탄생(도성인신)으로부터 시작하여 그의 십자가 후에 부활승천하시기까지의 모든 역사를 관찰했고 또 그를 돕는 사역을 했던 천사들은 십자가의 사역 이후 부활승천하셔서 하나님의 우편에 계신 그를 찬양하고 예배하고 있다. 그뿐만 아니라 앞으로 그가 다시 오셔서 메시야 왕국을 건설하시는 모든 준비 과정까지 그를 받들어 사역할 것이다.

C. 국가들에 관련된 천사들의 사역

개신교 신학계 중에 이상주의 신학의 한 현상으로 구원사학파가 독일신학에서 발전됐다. 이들의 이론에 의하면 형이상학의 세계에서 이루어지는 하나님의 사역은 중요하고 참된 의미가 있는 것이지만 인간과 인간의 관계 혹은 국가와 국가들의 관계 같은 현실세계는 죄의 세계이기 때문에 하나님께서 관심을 기울이시지 않는 무관심의 세계라고 했다. 이러한 이론이 바탕이 되어 기독교 신학이 형이상학적인 신학으로만 발전해왔다. 그래서 현실생활을 별로 거론치 않았고 하나님께서 인간들의 개인 생활이나 국가의 흥망 성쇠와 역사의 변천 같은 것에 깊은 관심을 기울이신다는 개념에 대한 이론이 별로 중요하게 취급되지 않았다.

한편 경험주의 신학을 발전시켰던 알미니안 계통에서는 인간들이 가진 하나님의 형상을 강조해서 신학이 형성됐음으로 인간은 자유의지를 가진 존재라는 사실을 인정했고 거기에서 그친 것이 아니라 이 사실을 신학을 정리하는 이론의 바탕으로 사용했기 때문에 심지어는 구원도 인간 스스로의 노력 여하에 따라서 얻을 수 있다는 이론으로 발전됐다. 결국 이러한 신학 이론은 기독교 신학을 완전히 윤리학으로 변질시키는 상황으로 이끌었다.

그런데 대륙계 이상주의 신학인 루터란이나 칼빈주의에서 주장하는 완전타락설과 알미니안 계통에서 주장하는 하나님의 형상 같은 것은 사실상 둘 다 성서적인 개념이기 때문에 이 두 가지 중 어느 이론도 버릴 수 없는 개념이다. 그러므로 이 둘을 받아들여서 조화를 시킬 수 있으면 가장 합리적인 신학이 나올 수 있다. 그러나 사람들은 한 가지만 선택해서 그것을 고집하는 경향이 있어서 칼빈주의자가 되면 완전타락설만 철저하게 강조해서 은혜로 믿음으로 구원 받는다는 사실만을 강조해서 가르친다. 그래서 구원을 받은 후에 부모 자식간의 관계, 부부관계, 이웃과의 관계, 사업을 어떤 원리 원칙에서 운영해야 되느냐 하는 것에 대한 신학 즉 기독교 윤리라는 개념은 거의 없는 형편이다.

반면에 알미니안주의자들은 하나님의 형상을 강조해서 중생을 강조한 것까지는 좋으나 인간들의 자유 의지를 강조하는 한편 하나님의 섭리나 예정 등 하나님의 절대적인 초월성 등을 소홀히 해 왔다. 인간이 하나님의 형상을 가졌다는 것만을 지나치게 강조해서 믿음과 은혜로 구원받는다는 개념은 사라져 버리고 행위로 구원받는 것처럼 가르쳐서 성경을 소홀히 하고 역사철학이나 기독교 윤리를 강조하다 보니 순수한 복음이 없어지고 정치문제에 관심을 보이고 해방신학 민중신학 등 오히려 복음이 사회복음주의로 변해 버린 상황이 되었다.

역사 속에 들어오셔서 사역하시는 존엄하신 하나님의 모습을 현대 신학은 등한히 해서 어떻게 해서든지 현실 사회에서 하나님을 제거하려는 작업을 해왔다.

성경을 통해서 볼 때 하나님께서는 인간의 역사 가운데 직접적으로 깊숙이 들어오셔서 관여하심으로 인간의 역사와 불가분의 관계를 가지고 계신 분이시다. 특별히 구약성경 전체는 하나님께서 직접적으로 이스라엘 백성들 가운데 오셔서 실제로 이스라엘을 통치하신 역사이다. 인간들과 깊은 관계를 맺으시고 사역하시는 존엄하신 하나님의 섭리를 인간들의 역사 가운데 실현하는 역할을 담당하고 있는 것이 곧 천사들이다.

섭리(Decree)란 하나님을 포함하고 영계의 존재 전체를 포함한 우주 만물을 통치하시는 하나님의 계획과 법칙이다. 섭리는 영원하신 하나님의 계획인데 이 계획은 삼위의 하나님께서 합의하여 결정하신 사실이라는 의미가 단어 자체 내에 포함되어 있다. 따라서 하나님이라도 이미 합의하여 결정하신 사실에 대해서는 역행하시지 않으신다. 섭리는 포괄적인 계획이어서 그 속에 자연계 즉 물질 세계를 통치하시는 하나님의 법칙이 있다. 이 법칙을 스토익철학자들이 주장했던 이래 일반적으로 자연법이라고 불러 왔다.(자연법이란 하나님을 제외하는 의미가 있으므로 기독교인들이 쓰기에는 적당치 않은 단어이다) 이것은 물질세계를 통치하시는 하나님의 법칙이어서 신학적인 술어로는 보존하시는 역사이다(Preservation). 물질세계를 통치하시는 하나님의 보존하시는 역사는 신이신 하나님은 물론 영계의 존재들은 이 자연계를 통치하시는 법칙의 제약에서는 제외되셨다. 따라서 시간이나 공간의 제약을 받지 않으시며 물리적인 제한을 초월하여 행동하실 수 있다.

다음으로 하나님의 섭리 안에는 품성적인 존재를 통치하시는 하나님의 법칙이 있는데 이 법칙을 관여하시는 역사라고 한다(Providence). 인간들을 통치하시는 역사라고 말하지 않고 품성적인 존재를 통치하시는 하나님의 법칙이라고 말하는 이유는 인간의 세계는 인간들끼리만 살 수 있는 것이 아니라 천사나 악령이나 사탄이 인간 세계에 밀접하게 관련돼서 불가분의 관계를 형성하고 생활하고 있는 사실을 고려한 결과이다.

이렇게 천사나 악령들 그리고 사탄이 인간과 관계를 맺고 있는 한 역시 영계의 존재들도 하나님의 관여하시는 역사의 통제를 받는 것이다. 하나님께서 허락을 하시면 사탄이 인간을 시험할 수 있고 병도 줄 수 있고 하나님께서 허용하시지 않으면 전혀 사람을 건드릴 수가 없다. 모든 품성적인 존재들은 물론 인류전체의 집합적인 운명이 하나님의 관여(Providence)하시는 역사 속에 포함되어 있는 외에 세부적으로 특정한 국가나 민족 또는 집단의 운명을 지배하시고 관장하시는 원리가 하나님의 관여하시는 역사이다. 하나님께서 국가 및 인류의 역사를 관여하실 때 천사들을 통해서 국가의 통치자들을 감시하게 하시고 특정한 국가를 보호하시기도 하신다.

(1) 국가의 통치자들을 감시하심

다니엘 4:17, 열왕기상 10:9, 열왕기상 5:7, 역대하 9:8

(2) 특정한 국가를 보호하심

다니엘 12:1, 다니엘 10:21

하나님의 섭리 가운데는 타락한 죄인을 구원하시는 하나님의 계획이 있는데 이것이 하나님의 예정이다(예정설). 예정을 따라 죄인이 하나님의 은총의 영역권 아래 들어와 성령의 확신케 하시는 역사를 통하여 예수를 영접하고 하나님의 자녀로 중생할 수 있게 된다. 예정은 섭리의 일환중에 포함되어 있을 뿐만 아니라 관여하시는 역사중의 일환에 포함되어 있는데 예정은 원칙상 개인의 운명에 관한 하나님의 계획이다.

이상과 같은 구분에 근거해서 볼 때 천사들의 활동은 하나님의 섭리의 영역 전반에 걸쳐 이루어지는 것이다. 물질계를 지배하시는 하나님의 법칙이나 인류의 역사를 지배하시는 관여하시는 분야는 물론 죄인을 구원하시는 하나님의 계획(예정)전반에 걸쳐 천사들이 사역하고 있다.

수많은 국가들이 역사의 일환으로 발전되고 존재하다가 멸절되고 또 새로운 국가의 발족, 멸절 등 수없이 반복되는 역사의 변천 가운데 천사들이 직접 관련된 사실에 관해 다니엘은 이렇게 지적하고 있다.

> "그가 이르되 내가 어찌하여 네게 나온 것을 네가 아느냐 이제 내가 돌아가서 바사군과 싸우려니와 내가 나간 후에는 헬라군이 이를 것이라. 오직 내가 먼저 진리의 글에 기록된 것으로 네게 보이리라 나를 도와서 그들을 대적하는 자는 너희 군(君) 미가엘 뿐이니라"(다니엘 10:20-21).

이상에 인용한 문구는 천사 가브리엘이 다니엘에게 한 말인데 "바사군"(שַׂר פָּרַס), "헬라군"(שַׂר יָוָן) 혹은 "너희 군 미가엘"(מִיכָאֵל שַׂרְכֶם)이라고 한 "군"이라는 단어는 지배자 혹은 통치자라는 뜻을 가진 단어일 뿐만 아니라 너희군 미가엘이라는 표현이 분명히 밝히는 것처럼 이 존재들은 영적인 존재들임이 분명하다.

따라서 파사나라(페르시아) 역사의 배후에서 이를 주관하는 영적인 존재가 있고 파사가 망한 뒤에는 헬라제국에 파송된 악령이 계속해서 이스라엘 백성들을 대항할 것이고 후에 로마제국이 건설되면 로마제국의 배후에서 활동할 악령이 있을 것을 말한다. 물론 이스라엘을 보호하는 책임을 맡고 파송받은 천사는 미가엘이다.

이렇게 각 나라 역사의 배후에서 주관하고 있는 영적인 존재가 있다는 사실에 근거해서 다니엘에게 전달되어야 할 기도의 응답을 가지고 오는 가브리엘을 21일 동안이나 막고 방해했던 "바사 국군"이라고 불리는 존재들이 바로 파사나라의 배후에서 파사나라를 주관하던 악령들임이 증거된다. (다니엘 10:12-13)

근대 역사에서는 독일의 히틀러가 악령에 사로잡혔던 사람인 것 같다고 주장하는 사람들이 가끔 있다. 히틀러뿐만 아니라 독일 전체 국민을 악령들이 지배했었다고까지 말하는 사람이 있는데 그 이유는 도대체 개신교 기독교(루터란) 국가에서 어떻게 히틀러 같은 사람이 총통에 올라서 세계 제 2차 대전을 일으킬 수 있었는가 하는 문제이다. 히틀러는 두 번씩이나 미술 고등학교 입학시험에 떨어졌던 사람이다. 미술 고등학교에도 가지 못하고 비엔나 거리에서 그림을 그려 팔면서 그날 그날을 연명하던 사람이 총통 자리에 오를 수 있었던 것도 기이한 일인데 총통에 오른 히틀러가 한번 대중석상에서 연설을 시작하면 그 당시 세계에서 제일 지성적이고 지식 수준이 높다고 자랑하던 독일인들의 혼을 완전히 사로잡아 자기 마음대로 조정할 수 있었던 사실은 더 이해할 수 없는 일이다. 이것은 악령이나 사탄이 히틀러의 배후에서 조종했던 사건이었다고 설명하지 않으면 인간의 이성으로는 도저히 납득이 안 되는 사실이다.

심지어는 독일 국민 자신들도 아직까지 나치스 독일의 상황이나 2차대전을 일으키고 600만의 유대인을 학살했던 사건들을 설명하지 못하고 혼돈상태에 빠져 있는 것이다. 따라서 옛날 페르시아 왕국을 지배하는 파사국군(악령)이 파송되어서 페르시아 왕국을 지배했던 것처럼 2차 대전 때 독일도 역시 악령의 영향, 혹은 사탄이 배후에서 역사적인 주역을 담당해서 제 2차 대전을 일으켰을 가능성이 얼마든지 있다.

또 한 가지 문제는 왜 하나님께서 다니엘에게 직접 기도의 응답을 주시지 않고 번거롭게 가브리엘을 심부름꾼으로 보내셔야 했는가? 또 가브리엘을 시켰으면 바사국군이라고 불리는 악령 정도는 물리칠 수 있는 능력을 주실 것이지 바사국군에게 잡혀서 21일 동안이나 감금 상태에 있게 하시니 전지전능하신 하나님이 어째서 일 처리를 그렇게 허술하게 하실 수 있는가? 하는 의문을 제기할 수 있다. 그러니까 하나님이 재미있으신 분이시다. 예술성도 있으시고 장난도 좋아하시고 사람들과의 관계에서 사람들에게 필요한 방법 즉 사람들의 지식 수준이나 경험의 정도에 맞추어 사람들이 수긍하고 이해할 수 있는 방법을 쓰시는 매우 여유 있으신 분이시다. 마치 한 살짜리 젖먹이를 안고서 얼르는 어머니가 "꾸찌" "꾸찌" 하고 말이 아닌 소리를 내는 것은 어머니가 반벙어리이기 때문이 아니라 어린 아기의 수준에 맞추어 아기들의 소리와 비슷한 소리를 내면서 돌봐주는 것처럼 하나님께서도 천둥과 벼락을 쳐서 공포 속에 사람들을 몰아넣어 강제로 이해시키시는 방법을 쓰시는 것이 아니라 그 당시의 인간들의 지식과 문화 수준에 맞는 방법을 택해서 멧센져를 보내어 계시를 전하게 했던 것이다.

> "그가 내게 이르되 다니엘아 두려워하지 말라 네가 깨달으려 하여 네 하나님 앞에 스스로 겸비케 하기로 결심하던 첫날부터 네 말이 들으신 바 되었으므로 내가 네 말로 인하여 왔느니라. 그런데 바사 국군이 이십일일 동안 나를 막았으므로 내가 거기 바사국 왕들과 함께 머물러 있더니 군장중 하나 미가엘이 와서 나를 도와주므로 이제 내가 말일에 네 백성의 당할 일을 네게 깨닫게 하러 왔노라…" (다니엘 10:12-14)

그뿐 아니라 미가엘이 마지막 때에 나타나 이스라엘을 호위하는 천사로 활약할 것을 말해주고 있다. "네 민족을 호위하는 대군 미가엘이 일어날 것이요…"(다니엘 12:1) 미가엘이 수호장군으로 임명받은 까닭에 이스라엘은 모든 전쟁에서 승전만 하고 또 계속하여 부흥 발전한다는 뜻은 물론 아니다. 궁극적으로 하나님의 섭리에 의해서 때로는 이방 나라들을 통해 이스라엘을 처벌할 수도 있고 나라를 흩어 온 세계에 분산되게 하실 수도 있다. 이런 경우 미가엘이 하는 일은 이스라엘의 "남은 자"[5]들을 보호하는 역할을 하는 이외에 크게 활약할 수 없게 된다.

또 한 가지 특기할 사항은 천사들이 통치자들의 개인적인 신상 문제에 관련된 사역을 감당한다. 통치자들은 역사의 주동자이기 때문에 위대한 지도자들의 득세, 치정 및 운명을 궁극적으로는 하나님께서 지배하신다. 바벨론 제국의 통치자로 현대의 중동지방 일대에 걸친 대제국을 건설했던 느부갓네살 왕은 말년에 교민한 마음에 사로잡혀 자신의 능력으로 세계를 평정했다고 착각하고 있었다. 이렇게 교만하고 방자한 마음에 사로잡힌 느부갓네살을 하나님께서는 심판하시기로 결정하여 그에게 꿈으로 이 사실을 계시하셨다.

"내가 침상에서 뇌속으로 받은 이상 가운데 또 본즉 한 순찰자, 한 거룩한 자가 하늘에서 내려왔는데 그가 소리질러 외쳐서 이처럼 이르기를 그 나무를 베고 그 가지를 찍고 그 잎사귀를 떨고 그 열매를 헤치고 짐승들로 그 아래서 떠나게 하고 새들을 그 가지에서 쫓아내라. 그러나 그 뿌

---

5) 김호식, 종말론(서울: 도서출판사 1989)pp.129-176.

리의 그루터기를 땅에 남겨두고 철과 놋줄로 동이고 그것
으로 들 청초 가운데 있게 하라 그것이 하늘 이슬에 젖고
땅의 풀 가운데서 짐승으로 더불어 그 분량을 같이하리라.
또 그 마음은 변하여 인생의 마음 같지 아니하고 짐승의
마음을 받아 일곱 때를 지나리라 이는 순찰자들의 명령
대로요 거룩한 자들의 말대로니 곧 인생으로 지극히 높으
신 자가 인간 나라를 다스리시며 자기의 뜻대로 그것을 누
구에게든지 주시며 또 지극히 천한 자로 그 위에 세우시는
줄을 알게 하려 함이니라 하였느니라 나 느부갓네살이 이
꿈을 꾸었나니 너 벨드사살아 그 해석을 밝히 말하라 내
나라 모든 박사가 능히 그 해석을 내게 알게 하지 못하였
으나 오직 너는 능히 하리니 이는 거룩한 신들의 영이 네
안에 있음이니라."(다니엘 4:13-18)

이상의 느부갓네살의 꿈중에서 "한 순찰자" 또는 "한 거룩
한 자" 란 영계의 존재들로 천사를 뜻하는 말이다. 천사들이
느부갓네실 왕에게 꿈 가운데 "지극히 높으신 지가 인간 나라
를 다스리시며 자기의 뜻대로 그것을 누구에게든지 주시며 또
지극히 천한 자로 그 위에 세우시는 줄을 알게 하려 함이니
라"고 한 말씀에 관심을 기우릴 필요가 있다. 통치자들을 일
으켜 권좌에 앉게 하는 것이나 혹은 권좌에서 끌어내려 낮추
시는 모든 일은 하나님께서 하시는 일이다.

다니엘은 이렇게 하나님께서 인간 나라의 역사만이 아니라
그 통치자들의 운명을 주장하시는 사실을 느부갓네살의 꿈을
해석하면서 다음과 같이 밝혔다.

"왕이여 그 해석은 이러하니이다. 곧 지극히 높으신 자의

명정하신 것이 내 주 왕에게 미칠 것이라. 왕이 사람에게서 쫓겨나서 들짐승과 함께 거하며 소처럼 풀을 먹으며 하늘 이슬에 젖을 것이요 이와 같이 일곱 때를 지낼 것이라. 그 때에 지극히 높으신 자가 인간 나라를 다스리시며 자기의 뜻대로 그것을 누구에게든지 주시는 줄을 아시리이다. 또 그들이 그 나무 뿌리의 그루터기를 남겨 두라 하였은즉 하나님이 다스리시는 줄을 왕이 깨달은 후에야 왕의 나라가 견고하리이다. (다니엘 4:24-26)

D. 하나님의 백성들과 관련된 천사들의 사역

1. 선민의 형성

하나님께서 인류를 구원하시는 역사를 성취하시는 방법으로 특별히 아브라함을 불러내서 그를 통해 선민을 형성하시는 준비를 하실 때 천사들이 자주 나타나서 아브라함의 생활을 인도하고 지도했던 사실을 창세기에서 많이 발견할 수 있다.(:창세기 15:17-18, 16:7-13, 18:2-22, 21:17-19, 22:10-17, 24:7-40) 그럴 뿐만 아니라 야곱의 생활도 천사가 여러 번 도왔으며(창세기 28:12- , 31:11-13, 32:1-30, 35:9-10) 또 이스라엘 백성들을 애급의 노예 상태에서 구출해 내어 새롭게 선민으로 출발하는 과정에서 율법을 주시는 일에도 천사들이 직접적으로 관련됐던 사건을 성경에서 찾아볼 수 있다.(갈라디아서 3:19, 히브리서 2:2, 출애급기 14:- 출애급기 13:21-22, 16:10, 32:34, 33:12-18, 34:9-)

2. 교회의 창설을 천사가 도왔다(사도행전 1:10, 5:19, 7:30, 8:26, 10:3-22, 12:8-12, 12:23, 23:9, 27:23)

　천사들은 복음 전도자들을 협조해서 초대 교회가 형성되고 성장하는 일을 도왔던 것이 사실이다. 사람에게는 오감이 있기는 하나 일반적으로 무감각한 상태에서 매일매일 살아가는 것이 통례이다. 그러나 동물들은 육감이 있어서 지진이 난다든지 천재지변이 날 때 미리 알고 떼로 몰려 이동을 하는 경우가 있다. 극도로 발전된 과학문명 가운데 살고 있는 현대인은 육감은 고사하고 오감도 둔해져서 우리가 잘못할 때 천사가 와서 뺨을 때려도 모르고 혹은 우리를 보호하는 천사가 우리의 손을 잡고 인도해 주어도 그 따뜻하고 안정됨을 느끼지 못하는 무감각한 상태가 되어 버렸다. 그러나 초대교회의 교인들은 항상 진실된 마음으로 기도했고 또 명상과 묵상으로 경건한 생활을 했기 때문에 성령의 인도하시는 역사나 천사들의 어루만지고 보호하는 것을 예민하게 느낄 수 있었던 것 같다. 따라서 그 무서운 박해 가운데서도 용기 있게 교회를 창설할 수 있었다.

3. 믿는 자들에게 봉사한다 (시편 34:7)

히브리서 1:14 - 돕는 천사(Guardian Angels 守護天使)

　히브리서 1장 14절이 바로 수호하는 천사들(Guardian Angels)이라는 개념의 출처이다. 미국 신학에는 천사론에 관한 개념이 있기 때문에 이 수호천사(Guardian Angels)라는 말은 일상 생활에 흔히 쓰이는 보편화된 단어이다.

"모든 천사들은 부리는 영으로서 구원 얻을 후사들을 위하여 섬기라고 보내심이 아니뇨"라고 "구원 얻을 후사"라고 지적한 것을 보면 이미 구원받은 사람들뿐만 아니라 앞으로 구원받을 사람이 누구인지를 잘 아시는 하나님께서는 "구원의 후사들"에게까지도 천사들을 보내서 그들을 보호하게 하신다. 그뿐만 아니라 시편 34편 7절에도 "여호와의 사자가 주를 경외하는 자를 둘러 진치고 저희를 건지시는도다."라고 "진을 쳤다" 혹은 "모든 천사"라고 복수로 되어 있는 것으로 보아 적어도 둘 이상의 천사들이 모든 예수 믿는 사람들을 뒤따라 다니면서 보호하고 있는 것이 증명된다. 이렇게 천사들이 밤낮으로 우리를 지키고 보호하는 사실을 알 때 안정감과 편안한 마음을 가지고 살 수 있게 된다. 물론 천사들의 도움이 왜 필요한가 나 혼자서도 얼마든지 용감하게 살 수 있다고 예수 믿기를 거절하는 사람들에게는 보호하는 천사가 파송될 수 없기 때문에 신변보호를 해주는 호위병이 하나도 없이 이 험악한 세상을 혼자서 싸워나가야 하는 불쌍한 사람들이다.

4. 교회의 예배, 질서, 사역 등을 관찰한다 (디모데전서 5:21, 고린도전서 11:10)

천사들은 성도들이 하나님의 교회에 모여 예배 드리는 것이나 교회 내에서 질서를 지켜나가고 있는 사실에 대해 지대한 관심을 가지고 관찰하고 있다. 천사들이 우리를 관찰하고 있기 때문에 천사들을 위해서라도 여자들이 머리를 밀어 남자처럼 보이지 말라고 고린도교회 교인들에게 다음과 같이 교훈

했다.

"이러므로 여자는 천사들을 인하여 권세 아래 있는 표를 그 머리 위에 둘찌니라 그러나 주 안에는 남자 없이 여자만 있지 않고 여자 없이 남자만 있지 아니하니라. 여자가 남자에게서 난 것같이 남자도 여자로 말미암아 났으나 모든 것이 하나님에게서 났느니라. 너희는 스스로 판단하라 여자가 쓰지 않고 하나님께 기도하는 것이마땅하냐 만일 남자가 긴 머리가 있으면 자기에게 욕되는 것을 본성이 너희에게 가르치지 아니하느냐 만일 여자가 긴 머리가 있으면 자기에게 영광이 되나니 긴 머리는 쓰는 것을 대신하여 주신 연고니라. 변론하려는 태도를 가진 자가 있을찌라도 우리에게나 하나님의 모든 교회에는 이런 규례가 없느니라." (고린도전서 11:10-16)

고린도교회 내에서 모자를 쓰거나 머리를 다스리는 방법이 문제가 됐던 것은 그 당시의 특수한 상황이었다. 고린도 시의 신전에 예속됐던 여사제들은 실제로 공창제도에 예속됐던 여자들로 이들은 머리를 빡빡 깎아서 일반 가정의 여자들과는 구분되었었다. 이런 이방 신전의 여사제들 중에 예수를 믿는 사람들이 간혹 생겼는데 이들은 전에 빡빡 밀었던 머리를 가리지 않고 그대로 교회에 출입하는 경우가 있었고 이에 영향을 받은 사람들 중에 머리털을 짧게 깎는다던가 또는 머리를 단정하게 다스리지 않은 채 교회에 출입하는 사람들이 생겼었다. 이런 상황에서 최소한 교회에 들어올 때 는 모자를 씀으로 지나간 과거의 부끄러웠던 직업을 가리고 남 보기에 흉하지 않게 하든지 아니면 머리를 길러서 단장함으로 교회의 질서와 권위에 순복하는 모습을 보일 것을 교훈하고 있다.

이미 언급했던 대로 천사들은 개별적으로 창조함을 받은 무리 중에 하나이지 종족이 아니기 때문에 타락한 후에 구원의 기회가 주어지지 않았다. 그러나 인간들은 종족으로 태어났기 때문에 나면서부터 아담과 하와에게서 죄과와 죄의 성품을 받고 태어났고 그로 인해 자동적으로 지옥에 떨어지게 되었다. 이런 사실은 어떤 의미에서는 억울하다고 불평할 수도 있지만 그렇기 때문에 하나님께서 사람들에게는 구원의 기회를 주셨으니 오히려 감사할 일이다. 한편 천사들이 볼 때 현재 상태로는 자기들이 훨씬 우세한 위치로 창조함을 받았는데도 만일 자기들이 타락할 경우에는 구원의 기회를 주시지 않았을 뿐만 아니라 한번 타락하면 그것으로 끝이어서 악령으로 남아 있게 되고 결국은 영원한 형벌을 받게 될 것을 너무나 잘 알고 있다. 그런데 천사들이 볼 때 기가 막히는 사실은 하나님께서 별 볼일 없는 인간들을 구원하실 뿐만 아니라 구원하신 후에는 천사들의 위치 정도가 아니라 아예 하나님의 자녀를 삼으시는 것이 아닌가.

이런 신기한 일을 보고 천사들은 이것이 도대체 어떻게 가능한가 하고 의아해 하는 것이다. 그래서 사도바울이 교회 내에서 교인 상호간의 편의만을 위해 질서를 지킬 것이 아니라 교회를 통해서 죄인들이 구원함을 받고 그 안에서 신앙생활 하는 것들을 흥미진진하게 지켜보고 관찰하고 있는 천사들에게 보이기 위해서도 질서를 지키며 단정한 모습으로 하나님께 예배드리는 것을 보이고 교회의 권위와 지도에 순복하라고 명하신 것이다.

사도바울은 계속해서 교회를 담임하고 있는 목회자나 장로

에 대한 올바른 대우를 할 것에 관해 교훈하시면서

"장로에 대한 송사는 두세 증인이 없으면 받지 말 것이요 범죄한 자들을 모든 사람 앞에 꾸짖어 나머지 사람으로 두려워하게 하라 하나님과 그리스도 예수와 택하심을 받은 천사들 앞에서 내가 엄히 명하노니 너는 편견이 없이 이것들을 지켜 아무 일도 편벽되이 하지 말며 아무에게나 경솔히 안수하지 말고 다른 사람의 죄에 간섭치 말고 제 자신을 지켜 정결케 하라."(디모데전서 5:19-22)

고 했다.

또 갈라디아서 3장 10절에는 천사들이 하나님이나 예수님과 함께 교회를 운영하는 모든 문제에 있어 관찰자요 증인으로 대두된 사실을 기록하고 있다.

"그런즉 율법은 무엇이냐 범법함을 인하여 더한 것이라. 천사들로 말미암아 중보의 손을 빌어 (mediator) 베푸신 것인데 약속하신 자손이 오시기까지 있을 것이라."

5. 계시의 전달자가 된다(마태복음의 기록, 누가복음의 기록, 갈라디아서 3:19, 계시록 1:1, 사도행전 7:53, 허브리서 2:2, 열왕기하 1:15)

계시를 전달해 주는 사명을 맡은 것은 가브리엘인 것 같다. 다니엘서나 누가복음에는 으레 계시의 전달자는 가브리엘이라고 언급됐다. 하나님의 계시를 가지고 오다가 바사 국군에게 21일 동안이나 붙들려 있던 천사의 이름도 가브리엘이라고 했는데 누가복음 1장 26절에도 "여섯째 달에 천사 가브리엘이 하나님의 보내심을 받들어 갈릴리 나사렛이란 동네에 가서 …"라고 천사 가브리엘의 이름이 명확히 언급됐다.

이 천사 가브리엘은 이어서 장차 탄생할 예수는 메시야로 이스라엘의 왕으로 다윗의 자손으로 오시는 자이심을 분명히 예언해 주고 있다.((누가복음 1:31-34)

또 요한계시록 1:1-2에서도 천사들이 하나님께서 주시는 계시의 전달자인 것을 밝히고 있다. "예수 그리스도의 계시라 이는 하나님이 그에게 주사 반드시 속히 될 일을 그 종들에게 보이시려고 그 천사를 그 종 요한에게 보내어 지시하신 것이라."고 했다.

6. 기도의 응답을 가져다 준다(사도행전 12:5-7, 다니엘 9:21)

헤롯 왕이 이미 요한의 형제 야고보를 잡아죽인 후에 베드로도 잡아서 옥에 가두고 군사 넷씩 네 패에게 맡겨 지키게 했다. 이미 야고보를 잃은 예루살렘교회는 침통한 마음으로 온 교인들이 함께 모여 베드로를 위해 간절히 하나님께 빌었다. 하나님께서는 이 간절한 기도에 응답하셨는데 그 심부름꾼으로 천사를 보내시어 베드로를 옥에서 풀어내셨다. 또 기도하는 다니엘에게 가브리엘이 빨리 날아와서 하나님의 응답을 전한 사실은 이미 다니엘 9장 21절 이하에서 설명했다.

7. 전도를 돕는다(사도행전 8:26, 10:3)

"주의 사자가 빌립더러 일러 가로되 일어나서 남으로 향하
여 예루살렘에서 가사로 내려가는 길까지 가라 하니 그 길
은 광야라 일어나 가서 보니 에티오피아 사람 곧 에티오피
아 여왕 간다게의 모든 국고를 맡은 큰 권세가 있는 내시
가 예배하러 예루살렘에 왔다가 돌아가는데 병거를 타고
선지자 이사야의 글을 읽더라…"(사도행전 8:26)

천사는 빌립에게 남으로 향해 예루살렘에서 가사로 내려가
는 길까지 가라고 자세하게 그가 가서 전도할 곳을 지시했다.
전도를 하는 것이 그리 쉬운 것은 아니다 더구나 천사가 빌립
에게 지시했던 것처럼 낯선 곳에 가서 누구인지도 모르는 처
음 보는 사람에게 전도해야 하는 경우, 이것은 용기가 필요한
일이다. 멀리 갈 것도 없이 내 이웃에게만 전도하려 해도 부
끄러워서 선뜻 입이 떨어지지 않는 것이 사실이다. 그러나 천
사들이 복음전도하는 것을 돕고 있다는 사실을 알면 용기를
가지고 복음증거를 할 수 있다. 또 전도를 한 후에 마음속에
끓어 넘치는 그 기쁨은 경험해 보지 않은 사람은 모를 것이다.
　사도행전 10장에는 가이사랴에 이달리야대라 하는 군대의
백부장인 고넬료가 하나님을 경외하고 경건한 생활을 하면서
항상 하나님께 기도생활을 하던 중 하나님의 천사가 나타나
"네 기도와 구제가 하나님 앞에 상달하여 기억하신 바가 되었
으니 네가 지금 사람들을 욥바에 보내어 베드로라 하는 시몬
을 청하라. 저는 피장 시몬의 집에 우거하니 그 집은 해변이
있느니라…"고 천사가 와서 베드로가 유한 집 위치까지 자세
히 말해 줌으로 고넬료가 전도자를 청빙해 와서 말씀을 들을
수 있게 인도해 준 사건이 기록되어 있다. 초대교회시에 성령

께서 하시는 영혼을 소생시키시는 사역을 도왔던 천사들은 오늘날도 여전히 하나님의 자녀들이 열심히 전도할 때 혼자 내버려두는 것이 아니라 동분서주 바쁘게 성도들을 돕고 있다.

8. 기독교인들의 사역 및 수난을 관찰한다(고린도전서 4:9)

"내가 생각컨대 하나님이 사도인 우리를 죽이기로 작정한 자같이 미말에 두셨으매 우리는 세계 곧 천사와 사람에게 구경거리가 되었노라." (고린도전서 4:9)

이 세상에서 하나님의 자녀들이 하나님의 말씀대로 살려고 노력하고 또 주의 몸된 교회를 위해서 봉사하는 것을 천사들이 관찰하고 있다. 그뿐 아니라 우리가 수난을 받을 때 자칫하면 누구에게 호소할 수 없는 외로움과 낙망이 파도처럼 우리를 휩싸는 때가 많이 있다. 그러나 삼위의 하나님께서 우리를 지켜보시고 계실 뿐 아니라 천만 천사들도 우리의 수난 받는 것을 놓치지 않고 관찰하고 있는 사실을 알 때 우리는 용기를 가지고 모든 어려움을 극복할 수 있게 된다.

9. 용기를 준다(사도행전 27:23-24)

바울이 탄 배가 풍랑을 만나 거기에 함께 탄 모든 사람들이 사경을 헤매는 때에 하나님의 천사가 바울에게 나타나 그를 격려하고 용기를 준 사실이 사도행전 27:23-24절에 기록됐다.

"나의 속한 바 곧 나의 섬기는 하나님의 사자가 어제 밤에
내 곁에 서서 말하되 바울아 두려워 말라 네가 가이사 앞
에 서야 하겠고 또 하나님께서 너와 함께 행선하는 자를
다 네게 주셨다 하였으니."(사도행전 27:23-24)

10. 위험에서 보호한다(다니엘 3:24-28,6:22, 시편 91:11-12)

극렬히 타고 있는 풀무불 속에 던지움을 받았던 다니엘의
친구 사드락과 메삭과 아벳느고는 그 뜨겁게 타는 불속에서도
타죽지 않았을 뿐만 아니라 나중에 불 속에서 나온 이들은 머
리털 하나도 그슬리지 않았고 옷 빛도 변하지 않았고 이들의
몸에서 불탄 냄새도 나지 않았다. 천사가 이 세 사람들을 보
호할 때 멀리서 능력을 베풀어 보호했던 것이 아니라 천사 자
신이 함께 풀무불 속에 있으면서 이 세 친구들을 보해했던 것
이다.

사자굴에 던지웠던 다니엘은 "나의 하나님이 이미 그 천사
를 보내어 사자들의 입을 봉하셨으므로 사자들이 나를 상해치
아니하였사오니 이는 나의 무죄함이 그 앞에 명백함이오며 또
왕이여 나는 왕의 앞에도 해를 끼치지 아니하였나이다."(다
니엘 6:22)라고 하나님이 보내신 천사가 자기를 보호했음을
고백하고 있다.

"저가 너를 위하여 그 사자들을 명하사 네 모든 길에 저를
지키게 하심이라. 저희가 그 손으로 너를 붙들어 발이 돌
에 부딪히지 않게 하리로다."(시편 91:11-12)

구속함을 받았거나 앞으로 구속함을 받을 모든 하나님의 자
녀들을 보호하고 위험에서 구출하는 사역을 천사들이 담당하
고 충성스럽게 실행하고 있는데 이러한 사실을 사람들이 잘
알지 못하거나 알아도 감각이 둔해져서 느끼지 못하는 것이
사실이다. 그러나 오늘 이 순간에도 천사들이 우리주변에 있
어 모든 위험가운데서 우리를 보호하고 있다는 사실을 알 때
평안한 마음으로 살 수 있다.

11. 칭의함을 받은 자들의 죽음을 돌본다 (누가복음 16:22, 유다 6)

천사들의 사역중 구원받은 하나님의 자손들을 위한 또다른
사역은 하나님의 자녀들이 죽었을 때 이들의 영혼을 인도하여
천국에 도착하도록 돕는 사역이다.

단테의 신곡에는 버질이나 베아드리채 등 죽은 사람의 영혼
이 단테를 연옥이나 지옥에 또는 낙원으로 인도했던 것으로
쓰여 있으나 성경에는 분명히 예수 믿고 구원받은 사람이 죽
으면 천사들이 그의 영혼을 받들어 낙원에 갔다고 했다. 누가
의 기록에 의하면 나사로가 죽었을 때 혼자서 천국을 찾아간
것이 아니고 "천사들"이 죽은 나사로를 받들어 아브라함의 품
에 안겼다고 했다. "이에 거지가 죽어 천사들에게 받들려 아브라
함의 품에 들어가고 부자도 죽어 장사되매…"(누가복음 16:22)
누가복음 16:22 $\alpha\pi\varepsilon\nu\varepsilon\chi\theta\eta\nu\alpha\iota$ (제 1 완전과거 수동태 동명
사 $\alpha\pi o\phi\varepsilon\rho\omega$)는 죽은 사람의 영혼은 가만히 있으나 천사들이

그 영혼을 인도하여 낙원으로 안내했음을 의미한다.

물질세계의 제약 속에서 살고 있던 인간의 영혼이 물질세계를 떠나 영계로 옮기는 과정에는 놀랍고 이해할 수 없는 일들이 참으로 많은 것 같다. 더구나 우리는 천국이 어디 있는지도 모르는데 어떻게 찾아갈 것인가…라는 걱정이 앞설 수도 있다. 그러나 이런 것 때문에는 미리 염려할 필요가 없다. 예수님께서는 우리 보고 너 혼자서 천국을 찾아오라고 하시지 않았다. 우리가 죽는 그 즉시 하나님께서 천사들을 보내 우리의 영혼을 받들어 천국에 무사히 도착하도록 특별한 배려를 한다고 하셨다. 예수님께서 유월절에 제자들과의 고별 인사를 하시는 가운데

"너희는 마음에 근심하지 말라 하나님을 믿으니 또 나를 믿으라 내 아버지 집에 거할 곳이 많도다 그렇지 않으면 너희에게 일렀으리라 내가 너희를 위하여 처소를 예비하러 가노니 가서 너희를 위하여 처소를 예비하면 내가 다시 와서 너희를 내게로 영접하여 나 있는 곳에 너희도 있게 하리라."(요한복음 14:1-3)

고 말씀하셨다.

예수님께서는 "내가 먼저 가서 처소를 예비하고서 너희를 부를 테니 그 때 너희도 오너라." 하시지 않았다. "처소를 예비한 후에 내가 다시 와서 너희를 내게로 영접하고 예비해둔 처소로 너희를 데리고 가겠다."고 약속하셨다.

육신을 벗어버린 죽은 영혼이나 혹은 예수님의 재림시 부활되어 영화로운 몸을 가진 성도들도 처음 보는 천국에 갈 때는 도움이 필요한 것 같다. 처음으로 낯선 외국 땅에만 가려고

해도 두렵고 떨려서 동행자나 안내원을 찾는 나약한 인간들임을 잘 아시는 예수님께서 자신이 재림하셔서 직접 진두 지휘를 하시는 것은 물론이고 아마도 천군과 천사들도 동원되어 온 세계 각처에서 구원받은 하나님의 자녀들을 주님이 예비하신 곳으로 인도하실 것이다. 이것은 예수님께서 재림하실 때의 사건이고 예수님의 재림 전 지금 죽어서 이 세상을 떠나 주님이 예비하신 곳으로 가야 하는 영혼들은 예수님께서 그 영혼들을 위해 천사들을 파송하시는 것이다. 이렇게 우리를 위해 파송된 천사들의 안내를 받아 천국에 가게 됨으로 우리는 죽은 후에 낯선 천국을 찾아가다가 길 잃어버릴까봐 염려하거나 두려워할 필요가 하나도 없다. 죽기만 하면 된다.

그러면 천사들이 와서 우리의 영혼을 받들어 하나님 아버지께 무사히 도착하도록 인도할 것이다.

유다는 영계에서 모세의 시체를 처리하는 과정에 있었던 문제를 다음과 같이 기록했다.

"천사장 미가엘이 모세의 시체에 대하여 마귀와 다투어 변론할 때에 감히 훼방하는 판결을 쓰지 못하고 다만 말하되 주께서 너를 꾸짖으시기를 원하노라 하였거늘 이 사람들은 무엇이든지 그 알지 못하는 것을 훼방하는도다…" (유다서 9-10)

모세의 죽음 및 장사에 관한 기록은 신명기 34장에 기록됐다. 신명기의 기록에 의하면

"모세가 모압 평지에서 느보산에 올라 여리고 맞은편 비스가 산 꼭대기에 이르매 여호와께서 길르앗 온 땅을 단까지

보이시고 또 온 납달리와 에브라임과 므낫세의 땅과 서해
까지의 유다 온 땅과 남방과 종려의 성읍 여리고 골짜기
평지를 소알까지 보이시고 여호와께서 그에게 이르시되
이는 내가 아브라함과 이삭과 야곱에게 맹세하여 그 후손
에게 주리라 한 땅이라 내가 네 눈으로 보게 하였거니와
너는 그리로 건너가지 못하리라 하시매 이에 여호와의 종
모세가 여호와의 말씀대로 모압 땅에서 죽어 벳브올 맞은
편 모압 땅에 있는 골짜기에 장사되었고 오늘까지 그 묘를
아는 자 없느니라 모세의 죽을 때 나이 일백 이십세니 그
눈이 흐리지 아니하였고 기력이 쇠하지 아니하였더라."
(신명기 34:1-7)

이상의 기록에서 모세의 시체는 모압땅 벱브올 맞은편 골짜
기에 장사되었으나 비밀리에 장사된 까닭에 그 위치를 아는
사람이 없다고 명시됐다. 위대한 지도자가 세상을 떠나 장사
되었을 때 그 시체를 아무도 모르게 은익하는 것은 일종의 관
례로 되어 있었다. 왜냐하면 위대한 지도자들은 절대적인 추
종자들이 수없이 많은 반면에 철저한 적들도 많기 마련이다.
 따라서 추종자들 중에는 떠나간 지도자의 유물을 간직하려
는 극진한 추모의 정에서 또 원수들인 경우 이미 생명을 잃어
자신을 방어할 수 없는 시체에라도 복수를 하기 위해 무덤을
파헤쳐 시체를 꺼내 토막을 내거나 불에 태워버리는 일들을
한다.
 한국 역사에는 이미 장사해서 오래 되어 다 말라 버린 **뼈라**
도 추려서 맷돌에 갈아 산천에 뿌려 버리는 등 수없이 잔인한
행위를 한 기록이 있다. 모세가 세상을 떠났을 때 유대인들인
경우 그 시체나 유품을 신주 모시듯 모셔놓고 자자손손이 이

시체나 무덤을 우상화할 가능성이 얼마든지 있었다. 한편 모세와 그의 인도하는 이스라엘에게 패전한 적들은 그의 시체나 유물을 입수할 수만 있으면 어떤 방법으로든지 입수하여 시체에라도 복수할 가능성이 있었던 까닭에 하나님께서 모세의 시체를 처리하여 사람들이 알 수 없게 장사했던 것이다.

유다는 신명기의 기록에서는 발견할 수 없는 모세의 시체 문제에 관해 영계에 이루어졌던 사건을 기록하고 있다. 아마도 유대인들의 구두 전통에 또는 정경이 아닌 다른 작품들 가운데 언급됐던 사실일 가능성이 있다고 말할 수 있지만 무엇보다도 성령의 인도하심을 받아 우리에게 기록하여 전해주고 있는 사실은 모세가 죽었을 때 사탄이 그 시체를 소유하여 자신의 목적에 사용하려고 했음이 분명하다. 만약 사탄이 모세의 시체나 유품을 소유할 수 있었다면 이스라엘 백성들로 하여금 여호와를 예배하는 대신 모세의 시체나 그의 무덤 또는 그의 유물을 예배하도록 우상적인 존재로 둔갑시키는 깃은 아주 간단한 일이었을 것이다.

이같은 사탄의 동기를 아셨던 하나님께서는 천사장 미가엘을 보내셔서 모세의 시체와 유품을 사탄과 악령들이 소유할 수 없도록 매장 조치하시어 영구적으로 은폐하셨다.

> "천사장 미가엘이 모세의 시체에 대하여 마귀와 다투어 변론할 때에 감히 훼방하는 판결을 쓰지 못하고 다만 말하되 주께서 너를 꾸짖으시기를 원하노라 하였거늘." (유다서 1:9)

위의 성구에서 보는 것처럼 모세의 시체문제를 처리할 때 천사장 미가엘이라도 자신의 권위나 위력에 의해 사탄의 힘을 극복했던 것이 아니라 하나님의 위력과 계획에 의존하여 사탄의 힘을 억압할 수 있었고 모세의 시체와 유물을 보존하여 매장했음을 유다가 지적하고 있다. 따라서 천사들은 죽은 자들의 영혼을 천국에 인도하는 일만 하는 것이 아니라 만일 시체라도 잘못 사용될 가능성이 있으면 이를 보호하여 인간들의 영역권 내에서 제거해 버림으로써 사람들의 손이 미치지 못하게 조처한다.

12. 위험에서 구출한다 (사도행전 5:19-23, 12:7-11)

사도행전 5장 19절 이하의 말씀은 천사가 베드로를 옥에서 구출해 내는 사건을 기록한 것인데 여기에 "주의 사자가"라고 한 "사자"는 천사를 가르치는 것이다. 영어성경 흠정역(King James Version)에는 "The angel of the Lord"라고 번역되었는데 여기에 "The"라고 정관사가 붙은 것은 잘못된 번역이다. "an angel" "이라고 번역되었어야 한다. 구약 성경에는 정관사 "The" 가 붙은 "The Angel of the Lord"(도성인신하시기 이전의 예수그리스도를 말함)가 여러 번 언급되어 있다.

그러나 신약성경 즉 예수님께서 도성인신하신 이후에는 정관사 "The" 가 붙은(The Angel of the Lord - 주의 천사 -제 2위의 하나님이신 예수그리스도) 천사에 관한 언급이 한 번도 없다. 따라서 사도행전 5장에 베드로를 옥에서 구출한 존재는 분명히 천사였다. 또 사도행전 12장 7절 이하에도 천사가 삼엄한 경계를 하는 옥 속에 나타나 두 군사 틈에 두 쇠사슬에 묶여 있는 베드로를 구출해낸 사건을 기록하고 있다.

13. 그리스도의 재림시 이스라엘을 소집한다(마태복음 24:29-31)

아직은 이스라엘 백성들이 전 세계에 퍼져 살고 있고 이스라엘로 돌아갈 생각을 하지 않고 있다. 공산치하에서 고생하던 사람중 극소수만이 이스라엘로 돌아가서 지금의 이스라엘을 회복하고 있다. 그러나 에스겔서 37장이나 파레스틴 성약에 의하면 장차 대부분의 이스라엘 백성들이 가나안 땅으로 돌아가게 될 것이다. 그리스도의 재림시에는 이스라엘 백성들 전부를 세계 구석구석에서 다 불러모으실 텐데 이때 이스라엘 백성들을 모으는 일을 천사들이 담당할 것이다.

> "그 때에 인자의 징조가 하늘에서 보이겠고 그 때에 땅의 모든 족속들이 통곡하며 그들이 인자가 구름을 타고 능력과 큰 영광으로 오는 것을 보리라 저가 큰 나팔소리와 함께 천사들을 보내리니 저희가 그 택하신 자들을 하늘 이 끝에서 저 끝까지 사방에서 모으리라." (마태복음 24:30-31)

천사들이 7년 대환란 마지막에 유대인 하나하나를 독수리가 새끼를 물어 나르는 것처럼 공중 비행을 할 것인지 아니면 비행기로 실어 나를 것인지는 모르지만 좌우간 천사들이 전 세계에 흩어져 있는 이스라엘을 모으는 일을 감당할 것은 분명하다.

현재 하나님의 백성들을 돕고 또 함께 사역하고 있는 천사들은 영적인 존재여서 여러 면에서 사람들보다 훨씬 큰 능력을 가지고 있는 것이다.(베드로후서 2:11) 그러나 하나님을 섬기는 면에 있어서는 사람들과 동일한 위치에 있는 존재들이다. 사도요한이 말로 표현할 수 없는 미래의 계시를 보고 너무 감격해서 자신에게 계시를 보여준 천사의 발 앞에 엎드려 경배하려고 했다. 이것을 본 천사가 즉시 말리면서 하는 말이

"…나는 너와 네 형제 선지자들과 또 이 책의 말을 지키는
자들과 함께 된 종이니 그리 하지 말고 오직 하나님께 경
배하라…"(요한계시록 22:9)

고 했다. 함께 된 종이란(σύνδουλός σού εἰμι) 표현은 요한에게 계시를 보여주었던 천사나 선지자들이나 혹은 장차 이 요한계시록을 읽고 이 책에 기록된 말씀을 기억하여 지키는 사람이면 누구든지 그 신분에 상관없이 다 같은 종의 신분이라는 뜻이다.

그러나 구원의 역사가 완성되고 우리가 다 하나님의 나라에 갔을 때 구원받은 아담의 자손들은 하나님의 자녀가 되는데 천사들은 여전히 하나님의 심부름꾼으로 남아 있을 것이다. 그뿐 아니라 예수를 믿고 구원받은 우리가 천국에 갔을 때는 오히려 천사들을 판단하는 위치에 앉게 될 것이다. 어떻게 우리가 천사를 판단할 수 있는가?

이런 질문은 고린도전서 6장 3절에서 대답해 준다 "우리가 천사를 판단할 것을 너희가 알지 못하느냐 그러하거든 하물며 세상일이랴". 개별적으로 창조된 천사들은 피조물로 남아 있

지만 죄를 지어 죽을 수밖에 없었던 사람들을 구원하신 하나님께서는 사람들을 구원해서 지옥형벌을 면하게 하셨을 뿐만 아니라 하나님의 자녀로 삼으셨기 때문에 하나님을 아버지라고 부를 수 있는 우리들은(중생한 성도) 천사들보다 상위에 있게 되는 것이다. 그렇기 때문에 하나님께서 자기의 자녀들을 돌보라고 천사들을 보내신 것이다.(히브리서 1:14)

천사들 자신의 입으로 분명하게 자기들은 사람들의 경배를 받을 수 없는 존재요 오히려 함께된 종이라고 밝혔음에도 천사를 경배하는 것은 자신의 위치를 망각한 어리석은 행위일 뿐만 아니라 성경에 엄히 금한 사실이다. 골로새서 2:18절에도 "누구든지 일부러 겸손함과 천사 숭배함을 인하여 너희 상을 빼앗지 못하게 하라. 저가 그 본 것을 의지하여 그 육체의 마음을 좇아 헛되이 과장하고."라고 천사 숭배하는 것을 엄하게 금했다.

물론 천사 숭배를 하지 말라고 한 것은 천사의 존재조차 부인하라는 말은 아니다. 천사들은 엄연히 존재할 뿐만 아니라 여러 가지 면에서 인간 세계와 관련되어 있고 활동하고 있다. 하나님의 자녀된 우리들은 우리의 동역자 천사들이나 그 외에 영계의 존재들의 기능과 그들이 어떻게 우리와 함께 동역하고 있고 우리를 보호하고 있으며 그들의 위치는 어떠한 것인가 하는 것 등을 바르게 이해할 필요가 있다.

E. 구원받지 못한 세상사람들에 대한 천사들의 사역

(1) 다가오는 심판을 예고한다(창세기 19:1-8, 계시록 19:17-18)

천사들은 소돔과 고모라에 불의와 악이 충만했을 때 곧 내리실 하나님의 심판을 예고했고 또 계시록 19장 이하에 보면 7년 대환란 마지막 때 천사들이 다가오는 심판을 예고할 것을 말해주고 있다.

심판을 예고하는 천사들의 모습을 사도요한이 계시록에서 다음과 같이 생생하게 기록했다.

"또 내가 보니 한 천사가 해에 서서 공중에 나는 모든 새를 향하여 큰 음성으로 외쳐 가로되 와서 하나님의 큰 잔치에 모여 왕들의 고기와 장군들의 고기와 장사들의 고기와 말들과 그 탄 자들의 고기와 자유한 자들이나 종들이나 무론대소하고 모든 자의 고기를 먹으라 하더라 또 내가 보매 그 짐승과 땅의 임금들과 그 군대들이 모여 그 말 탄 자와 그의 군대로 더불어 전쟁을 일으키다가 짐승이 잡히고 그 앞에서 이적을 행하던 거짓 선지자도 함께 잡혔으니 이는 짐승의 표를 받고 그의 우상에게 경배하던 자들을 이적으로 미혹하던 자라 이 둘이 산채로 유황불 붙는 못에 던지우고 그 나머지는 말 탄 자의 입으로 나오는 검에 죽으매 모든 새가 그 고기로 배불리우더라. " (요한계시록 19:17-21)

(2) 심판을 수행한다(창세기 19:11, 사도행전 12:23, 계시록 16:1

천사들은 이렇게 다가오는 심판을 선언하는 이외에 실제로 심판을 가하는 일도 한다. 소돔과 고모라성에 천사들이 심판을 예고했을 때 그 성의 사람들이 예고를 듣고 경성하고 회개한 것이 아니라 예고를 하면 할 수록 더 완악해지고 못된 짓을

함으로 결국 천사들이 심판을 할 수밖에 없었다.

헤롯 아그립바 I세가 충이 먹어 죽게 하는 일을 천사가 담당했다. 헤롯 아그립바 1세는 그의 통치기간 백성들이 그를 지지하는 것에 미혹되어 교만해졌고 그를 가르쳐 "당신은 신이요 사람이 아니라"고 아부하는 백성들의 말을 곧이듣게 되었다.(사도행전 12:20-22) 이렇게 교만해져서 불경죄를 범한 헤롯을 하나님께서는 천사를 보내서 처벌하셨다. "헤롯이 영광을 하나님께로 돌리지 아니하는 고로 주의 사자가 곧 치니 충이 먹어 죽으니라."(사도행전 12;23) 이 문제에 관해서 역사가 죠세프스는 "아그립바가 유다 전역을 통치한지 3년 되든 해에 가이사랴에 왔었는데 전에는 스트라톤의 탑이라고 불리던 곳이었다. 그 곳에서 아그립바는 그의 안전을 위해 드리게 된 잔치가 열릴 것이라는 소식을 들었을 때 가이사에게 영화를 돌리는 의식도 함께 거행할 것을 원했다…. 잔치 둘쨋날에 헤롯 아그립바 I세는 완전히 은으로 만든 왕복을 입고 휘황찬란한 모습으로 이침 일찍 예식장에 니티났는데 떠오르는 태양 빛이 은으로 만든 옷에 비치어 찬란한 광채를 발해서 그 모습을 보고 있던 모든 사람들에게 황홀감과 함께 공포심을 자아내게 했다. 이런 상황에서 그에게 아부하는 사람들이 "우리에게 자비를 베푸소서" "지금까지는 사람으로만 존경했으나 앞으로는 신으로 존경하겠습니다"라고 큰소리를 질렀다. 이렇게 소리 지르는 백성들의 소리를 들으며 자랑스럽게 위를 쳐다보았는데 거기 늘어진 밧줄에 부엉이가 앉아 있는 것을 발견했다. 원래 부엉이는 불행을 전하는 사자로 알려졌었기 때문에 부엉이를 본 헤롯은 즉시 깊은 고민에 빠지면서 갑자기 복부에 강한 통증이 오기 시작했고… 궁중으로 옮겨간 후 5일만에 사망했다."6)

이 문제에 관해 의사 출신이었던 누가는 "주의 사자가 곧 치니 충이 먹어 죽었다" 고 천사가 헤롯을 쳤던 사실을 좀더 자세하게 진단하고 있다.

요한계시록 16장 전체는 7년대환란 중반부에 일어나는 사건인데 긴 인용문이기는 하지만 천사들이 불의한 자들을 심판하는 과정을 자세히 서술한 까닭에 예로 든다.

"또 내가 들으니 성전에서 큰 음성이 나서 일곱 천사에게 말하되 너희는 가서 하나님의 진노의 일곱 대접을 땅에 쏟으라 하더라. 첫째가 가서 그 대접을 땅에 쏟으매 악하고 독한 헌데가 짐승의 표를 받은 사람들과 그 우상에게 경배하는 자들에게 나더라. 둘째가 그 대접을 바다에 쏟으매 바다가 곧 죽은 자의 피같이 되니 바다 가운데 모든 생물이 죽더라. 셋째가 그 대접을 강과 물 근원에 쏟으매 피가 되더라 내가 들으니 물을 차지한 천사가 가로되 전에도 계셨고 시방도 계신 거룩하신 이여 이렇게 심판하시니 의로우시도다 저희가 성도들과 선지자들의 피를 흘렸으므로 저희로 피를 마시게 하신 것이 합당하니이다 하더라. 또 내가 들으니 제단이 말하기를 그러하다 주 하나님 곧 전능하신 이시여 심판하시는 것이 참되시고 의로우시도다 하더라. 넷째가 그 대접을 해에 쏟으매 해가 권세를 받아 불로 사람들을 태우니 사람들이 크게 태움에 태워진지라 이 재앙들을 행하는 권세를 가지신 하나님의 이름을 훼방하

6) J. Rawson Lumby, The Acts of the Apostles(Cambridge: At the University Press. 1882)pp. 153-154.

며 또 회개하여 영광을 주께 돌리지 아니하더라. 또 다섯째가 그 대접을 짐승의 보좌에 쏟으니 그 나라가 곧 어두워지며 사람들이 아파서 자기 혀를 깨물고 아픈 것과 종기로 인하여 하늘의 하나님을 훼방하고 저희 행위를 회개치 아니하더라. 또 여섯째가 그 대접을 큰 강 유브라데에 쏟으매 강물이 말라서 동방에서 오는 왕들의 길이 예비되더라 또 내가 보매 개구리 같은 세 더러운 영이 용의 입과 짐승의 입과 거짓 선지자의 입에서 나오니 저희는 귀신의 영이라 이적을 행하여 온 천하 임금들에게 가서 하나님 곧 전능하신 이의 큰 날에 전쟁을 위하여 그들을 모으더라. 보라 내가 도적 같이 오리니 누구든지 깨어 자기 옷을 지켜 벌거벗고 다니지 아니하며 자기의 부끄러움을 보이지 아니하는 자가 복이 있도다 세 영이 히브리 음으로 아마겟돈이라 하는 곳으로 왕들을 모으더라 일곱째가 그 대접을 공기 가운데 쏟으매 큰 음성이 성전에서 보좌로부터 나서 가로되 되었다 하니 번개와 음성들과 뇌성이 있고 또 큰 지진이 있어 어찌 큰지 사람이 땅에 있어 옴으로 이같이 큰 지진이 없었더라. 큰 성이 세 갈래로 갈라지고 만국의 성들노 누너지니 큰 성 바벨론이 하나님 앞에 기억하신 바 되어 그의 맹렬한 진노의 포도주 잔을 받으매 각 섬도 없어지고 산악도 간데 없더라. 또 중수가 한 달란트나 되는 큰 우박이 하늘로부터 사람들에게 내리매 사람들이 그 박재로 인하여 하나님을 훼방하니 그 재앙이 심히 큼이러라."(요한계시록 16장)

　　이상에 인용한 계시록 16장 전체의 내용은 칠년 대환란중에 일곱 개의 대접을 차례로 쏟아 부어 이 세상에 심판을 수행하는 것이 일곱 천사들의 역할임을 분명히 지적하고 있다.

(3) 악인들을 모아서 심판한다(마태복음 13:36-43)

마태복음 13장 36절 이하의 내용은 알곡과 가라지의 비유인데 알곡을 심은 밭에 뿌리지 않은 가라지가 수북히 난 것을 보고 종들이 주인에게 저 가라지를 뽑아 버릴까요? 하고 물을 때 주인이 아니 그냥 두어라, 가라지를 뽑으려다 알곡까지 상할 염려가 있으니 내버려두라고 하시면서 마지막 날에 천사들이 가라지를 뽑아서 불에 던지는 일을 할 것을 말씀하셨다.

"이에 예수께서 무리를 떠나사 집에 들어가시니 제자들이 나아와 가로되 밭의 가라지의 비유를 우리에게 설명하여 주소서. 대답하여 가라사대 좋은 씨를 뿌리는 이는 인자요 밭은 세상이요 좋은 씨는 천국의 아들들이요 가라지는 악한 자의 아들들이요 가라지를 심은 원수는 마귀요 추수 때는 세상 끝이요 추수꾼은 천사들이니 그런즉 가라지를 거두어 불에 사르는 것같이 세상 끝에도 그러하리라 인자가 그 천사들을 보내리니 저희가 그 나라에서 모든 넘어지게 하는 것과 또 불법을 행하는 자들을 거두어 내어 풀무불에 던져 넣으리니 거기서 울며 이를 갊이 있으리라 그 때에 의인들은 자기 아버지 나라에서 해와 같이 빛나리라 귀 있는 자는 들으라" (마태복음 13:36-43)

하나님의 자녀들 틈에 같이 자란 가라지 즉 사탄의 자녀들이 넘어지게 하는 일과 불법을 행했다고 한 말중에서 넘어지게 한다는 말의 뜻은 근거 없는 낭설을 만들어 낸다는 뜻으로 영어의 스캔들(Scandal)이란 단어이다. 이 스캔들은 헬라어 원어의 스켄다라(σκάνδαλον)에서 온 단어이다. 따라서 근거 없는 낭설이나 확인되지 않은 상상과 추측으로 다른 사람을 모함하는 사람들은 사탄의 자손들이요 심판을 받을 수밖에 없다는 뜻이다. 또 불법을 행한다는 말은 무법자($\pi o \iota o \hat{v} \nu \tau a s \ \tau \grave{\eta} \nu \ a \nu o \mu \iota a \nu$)라는 뜻이다. 즉 현존하는 법을 어기는 범법자란 뜻이 아니라 아예 법이 없는 것처럼 자신의 판단에 따라 행동하는 무법자란 뜻이다. 엄격하게 이 원리를 기독교인들의 신앙생활에 적용할 때 말씀의 규정에 의해 신앙생활을 철저하게 하는 것이 아니라 자신의 편의를 따라 또는 시대의 풍조를 따라 적당하게 필요할 때는 성경말씀을 이용하여 자신의 입장을 합리화하고 그렇지 않을 때는 완전히 성경말씀을 무시해 버리고 제멋대로 사는 것이 바로 법의 존재를 무시하는 태도요 무법자라고 볼 수 있다.

이런 자들은 사탄의 자녀들로 천국의 자녀들과 함께 교회 안에 섞여 있어서 신앙생활을 잘 하는 것처럼 보이지만 장차 하나님께서 천사들을 보내어 이들을 가려내어 심판의 불에 던져 버리실 것을 지적하셨다.

하나님께서는 모든 인류를 양분해서 하나님에게서 난자와 사탄에게서 난 자를 구분하신다.

"하나님께로서 난 자마다 죄를 짓지 아니하나니 이는 하나님의 씨가 그의 속에 거함이요 저도 범죄치 못하는 것은 하나님께로서 났음이라 이러므로 하나님의 자녀들과 마귀의 자녀들이 나타나나니 무릇 의를 행치 하니 하는 자나 또는 그 형제를 사랑치 아니하는 자는 하나님께 속하지 아니하니라."(요한1서 3:9-10)

위의 말씀에 의하면 살인 강도를 하고 강간이나 절도를 하는 사람들이 사탄에게 속한 것이 아니라 (1) 의를 행치 않는 사람 ; (2) 그 형제를 사랑치 않는 사람이 사탄에게서 난 사람이다. 그런 기준에 의해 보면 우리 교회 안에는 사탄에게서 난 가라지가 수도 없이 많은 것을 부인할 수 없다. 우리는 모르지만 하나님께서는 누가 가라지이고 누가 알곡인지를 다 알고 계시다. 교회에서 분규만 생기면 으레 상대방을 사탄의 자손이라고 공격을 일삼는데 이 가라지의 비유에서 반드시 배워야 할 것은 천사들이 하나님에게 저 가라지를 뽑아 버리랍니까? 하고 물을 때 하나님께서 가라지를 뽑다가 알곡도 상할 염려가 있으니 추수 때까지 내버려두라고 하셨다.

교회 안에서 자기는 알곡인데 다른 사람들은 다 가라지라고 판단하는 것은 하나님의 자녀들에 대한 모독 행위가 될 수 있다. 따라서 모든 중생한 기독교인이나 목사의 사명은 가라지 제거 작업이 아니라 오히려 조심해서 모든 성도들을 사랑하고 협조하고 가라지도 함께 성장하도록 내버려두는 것이다. 가라지 제거 작업은 마지막날에 하나님께서 천사를 보내어 철저히 하실 것이다.

(4) 하나님의 심판을 사탄에게 집행한다(계시록 20:1-2)

천사들은 칠년 대환란 마지막에 사탄을 결박해서 무저갱에 가두는 일을 할 것이다.

"또 내가 보매 천사가 무저갱 열쇠와 큰 쇠사슬을 그 손에 가지고 하늘로서 내려와서 용을 잡으니 곧 옛 뱀이요 마귀요 사탄이라 잡아 일천년 동안 결박하여 무저갱에 던져 잠그고 그 위에 인봉하여 천년이 차도록 다시는 만국을 미혹하지 못하게 하였다가 그 후에는 반드시 잠깐 놓이리라.
(요한계시록 20:1-3)

천사들은 창조능력의 결정품인 사탄보다는 하위의 피조물들이다. 그러므로 천사 자신들만의 능력으로는 사탄을 잡아 결박해서 무저갱에 가두는 일이 전혀 불가능하다. 그러나 7년 대환란 마지막에 그리스도의 재림과 동시에 하나님의 능력을 통해서 사탄이 이미 심판 받은 후에는 천사들이 사탄을 잡아 무저갱에 가두는 것이 가능하다. 이것은 마치 국회의원이나 장관 혹은 대통령이라도 범죄사건이 확립됐을 때는 말단 경찰이 와서 체포해 갈 수 있는 것처럼 사탄이 아무리 창조능력의 결정품으로 영계의 존재들 중에서는 가장 높은 존재로 활약을 하고 있었더라도 하나님께서 정죄하셨고 체포하도록 허락하신 후에는 말단 경찰과 같은 천사들이 와서 사탄을 체포하고 결박해서 하나님의 심판을 집행할 수 있게 된다.

그런데 다음 문제는 천사가 무저갱 열쇠와 큰 쇠사슬을 가지고 사탄을 결박해서 무저갱에 던지고 문을 잠근다고 했는데 물질인 쇠사슬로 영계의 존재들을 결박하고 억제할 수 있는가 하는 것이다. 여기에서 무저갱 열쇠와 큰 쇠사슬이라는 것은 상징적인 표현일 것이고 우리가 눈으로는 볼 수 없으나 분명히 무저갱에는 영적인 형무소 장치가 되어 있어서 사탄이라도 나올 수 없는 구속 장치가 되어 있을 것이다.

결 론

천사들에 관한 이론은 성경에 기록된 말씀을 문자적으로 해석할 때만 가능한 이론이다. 우리 주변에는 천사는 물론 사탄이나 악령 또는 영계의 모든 존재를 부인할 뿐만 아니라 심지어는 하나님의 존재도 부인하는 사람들이 얼마든지 있다.

　이런 사람들은 자기들의 감관을 통해 보거나 듣거나 느끼지 못했으면 아무것도 실재하는 것이 아니라고 주장하면서 하나님의 존재나 영적인 모든 존재들은 인간들의 상상과 추측에 의해서 또는 심리적인 욕구를 만족시키기 위해 만들어낸 개념에 불과하다고 주장한다.

　이같은 이론을 주장하는 사람들은 인간의 기능을 만능으로 생각하기 때문에 심각한 과오를 범하고 있는 것이다.

　지나간 수천년간의 역사를 통해 성경 작가들이 하나님의 말씀을 받아 성경을 기록할 때 이들은 허위 날조해야 할 하등의 이유가 없었던 사람들이다. 사람은 시간이나 공간적으로 지극히 작은 한 부분만을 알고 있고 체험하고 있다. 현재를 살고 있는 나는 백년전의 일을 보지도 체험하지도 못했을 뿐만 아니라 백년 후의 일은 고사하고 다음 순간에 일어날 일도 알지 못하면서 살고 있다.

　사람은 또한 시간적인 제한만 받고 있는 것이 아니라 공간적으로도 자기가 처해 있는 공간을 초월해서 지금 이 시간에 한국에, 영국에, 미국에, 소련에 동시에 존재할 방법도 없는 극히 제한된 존재이다. 따라서 사람은 시간이나 공간적으로 지극히 작은 한 부분만을 알고 있고 체험하고 있는 데도 불구하고 내 눈으로 보지 못했고 내 귀로 직접 듣지 못한 사실은 있을 수 없다고 주장하는 것은 오만불손한 태도에 불과하다.

적어도 성경을 문자적으로 역사적으로 받아들이는 경우 천사들은 현재 이 순간에도 우리 주변에서 사역하고 있음이 분명하다.

"삼가 이 소자 중에 하나도 업신여기지 말라 너희에게 말하노니 저희 천사들이 하늘에서 하늘에 계신 내 아버지의 얼굴을 항상 뵈옵느니라"(마태복음 18:10)

이 성구에 의하면 소자중 하나라도 업신여기면 그 아이에게 파송된 천사가(히브리서 1:14) 가만히 있지 않고 당장에 "하나님 저 사람이 감히 내가 맡은 이 소자를 멸시하고 구박하고 있습니다. 이 문제를 해결해 주십시오"라고 하나님께 호소하는 것이다. 이런 호소를 하면 하나님께서는 못 들은 척하고 내버려두시지 않는다. 따라서 하나님의 자녀들을 잘못 건드리는 것은 작은 문제가 아니라 천국에까지 즉각 보고되어 처벌받게되는 매우 중대한 문제이다.

중생한 성도들은 나에게 속한 천사들이 어디 있는가? 천사들에게 잘 보여서 좀더 도움을 받아야 되겠다는 등 쓸데없는 생각으로 천사를 찾는 노력을 할 필요가 없다. 또 찾아다닌다고 해서 찾아지는 것도 아니다. 우리가 천사를 추구하고 천사에게 보호해 달라고 호소하기 전에 이미 하나님께서 파송한 천사들이 믿는 성도들을 일일이 찾아다니면서 보호하고 도움을 주고 있는 사실을 알았으니 이제는 나를 위해서 돕는 천사를 보내주신 하나님께 감사하는 마음으로 내 신앙을 더욱 돈독히 하는 것만이 참으로 지혜로운 사람이 취할 태도이다.

참고 문헌(Bibliography)

Archer Jr., Gleason L. *A Survey of Old Testament Introduction.*(Chicago: Moody Press. 1964)

Aquinas, Thomas. *Summa Theologica 5 vols.*(New York: Christian Classics 1982)

Buss, Arnold H. & Robert Plonien, *A Temperament Theory of Personality Developement.*(New York: John Wiley & Sons. 1975)

Castell, Alburey & Borchest, Donald M. *An Introduction to Modern Philosophy: Examining the Human Condition. 5th ed.,*(New York: MacMillan Publishing Company, 1988)

Carus, Paul. *The History of Devil: And the idea of Evil from the Earlist time to the Present day.*(La Salle, ILL: Open Court Publishing Co., 1974)

Daniken, Eric von. *Chariots of the Gods?*(New York: G.P. Putnam's Sons. 1969)

______, *Gods from Outer Space: Return to the Stars or Evidence for the Impossible.*(New York: G. P. Putnam's Sons. 1970)

Dickason, Fred. *Angels: Elect and Evil.*(Chicago:

Moody Press. 1975)

Dostoevsky, Fyodor M. *The Brothers Karamajov. Trans. Andrew H. MacAndrew*(New York: Bantham Books, 1970)

Downing, Barry H. *The Bible and Flying Saucers.*(New York: Avon Books, 1968)

Drake, W. Raymond. *Gods and Spacemen in the Ancient East*(New York: The New American Library. 1973)

Eichrodt, Walther. *Theology of Old Testament. 2 vols. Trans., J.Baker,*(Philadelphia: Westminster Press., 1967)

Eliade, Mercia. *A History of Religious Ideas. 3 vols. Trans. W.R. Trask,*(Chicago: University of Chicago Press. 1978)

Gesenius, William. *Gesenius′ Hebrew and Chaldee Lexicon. Trans., S.P. Tregelles,*(Grand Rapids: WM. B. Eerdman′s Publishing Company. 1949)

Graham, Billy. *Angels: God′s Secret Agents.*(Garden City, New York: Double Day and Company Inc., 1975)

Hall, Calvin S. & Gardner Lindzey, *Theories of Personality 2nd ed.*(New York: John Wiley & Sons. 1970)

Jowett, Benjamin E. *The Dialogues of Plato. 2*

vols.(New York: Random House 1937)

Kitchen, K. A. *Ancient Orient and Old Testament.*(Chicago: Inter-Varsity Press. 1966)

김호식, 사탄 그는 건재하다(서울 : 요단출판사, 1995)

Lumby, Rawson. *The Acts of the Apostles*(Cambridge: At the University Press. 1916)

Michelet, Julius. *Satanism and Witchcraft : The Classical Study of Mediaeval Superstition. Trans., A.R. Allison,*(Sacaucas. N.J.: Citadel Press. nd)

Milton, John. *Paradise Lost. G. K. Hunder*(Unwin Critical Library Allen Unwin. 1982)

Oehler, Gustave Friedrich. *Theology of the Old Testament. Trans. George E. Day*(Grand Rapids: Zondervan Publishing House. 1883)

Reichert, Victor E. *Job. Revised by A.J. Rosenberg*(New York: The Soncino Press. 1985)

Slotki, Judah J. *Daniel, Ezra, Nehemiah.*(New York: The Soncino Press. 1951

Stoneley, Jack With A. T. Lawton ed., *Is anyone out there?*(New York: Waner Paper back Library. 1974)

Strong, A. H. *Systematic Theology : A Compendium. 3 vols.*(Philadelphia: The Judson Press., 1907)

Vonier, Anscar O. S. B. *"The Angels", The teaching of the Catholic Church. Smith, ed. 2 vols.*(New York:

McMillan Co., 1961)

Voegelin, Eric. *Order & History 5 vols.*(Boston Rouge: Louisiana State University Press. 1956)

정기 간행물(Periodicals)

Otto, Friedrich. *"New Age Harmonies"* Time. December 7, 1987. pp. 62-72

Brow, Robert. *"The Taming of a New Age Prophets."* Christianity Today. June 16, 1989. pp. 28-30

판권소유
도서출판
한 글

천사론 : 하나님의 사역자

1998년 6월 20일 초판인쇄
1998년 6월 30일 초판발행

저 자
김 호 식
발행자
심 혁 창

발행처 **도서출판 한글**
서울특별시 마포구 아현동 85-265
☎ 363-0301 / 362-8635
FAX 362-8635
등록 1980. 2. 20 제10-33

▲ 파본은 교환해 드립니다

정가 10,000원

ISBN 89-7073-120-2 93230